中等职业学校汽车运用与维修专业通用教材

实用汽车电子技术基础

主　编　祝常红
副主编　彭　坚　方国强

机 械 工 业 出 版 社

本书主要内容包括：半导体二极管及整流电路、晶体管及其应用、集成运算放大器、自激振荡器、晶闸管及其应用、数字电路基础、数字电路基本元件、电子信息处理等。

本书在阐明模拟和数字电路基本知识和基本理论之后，着重介绍电子元器件及其典型电路在汽车电子技术中的应用，通过应用实例，加深理论认识，联系实际，扩展知识面，增加学员的学习兴趣。本书内容新颖、简明、通俗易懂、系统、实用。

本书每章节前有内容提要，每章节中安排相关技能训练，突出电子技术能力培养，每章节后都有小结和思考题与习题。本书可作为中专、技校及各类职业学校汽车专业“电子技术基础”课的教材，还可作为汽车电工培训教材，也可供汽车技术人员阅读。

图书在版编目（CIP）数据

实用汽车电子技术基础/祝常红主编. —北京：机械工业出版社，2005.6（2021.2 重印）

中等职业学校汽车运用与维修专业通用教材

ISBN 978 - 7 - 111 - 16720 - 4

Ⅰ. 实…　Ⅱ. 祝…　Ⅲ. 汽车 - 电子技术 - 专业学校 - 教材　Ⅳ. U463.6

中国版本图书馆 CIP 数据核字（2005）第 059078 号

机械工业出版社（北京市百万庄大街 22 号　邮政编码 100037）
策划编辑：朱　华　版式设计：冉晓华　责任校对：李汝庚
封面设计：王伟光　责任印制：常天培
北京虎彩文化传播有限公司印刷
2021 年 2 月第 1 版 · 第 8 次印刷
184mm × 260mm · 7.25 印张 · 176 千字
标准书号：ISBN 978 - 7 - 111 - 16720 - 4
定价：29.80 元

电话服务
客服电话：010-88361066
　　　　　010-88379833
　　　　　010-68326294

网络服务
机　工　官　网：www. cmpbook. com
机　工　官　博：weibo. com/cmp1952
金　　书　　网：www. golden-book. com
机工教育服务网：www. cmpedu. com

本书主编　祝常红

本书副主编　彭　坚　方国强

本书参编　居永梅　陈建军　李洪港　罗永顺

本书主审　韦家壮

前　言

本套教材根据教育部确定的中等职业学校汽车运用与维修专业技能型紧缺人才培养的指导思想，以提高学习者的职业实践能力和职业素养为宗旨，倡导以学生为本位的教育培训理念，建立多样性与选择性相统一的教学机制。通过综合和具体的职业技术实践活动，帮助学生积累实际工作经验，突出职业教育的特色，全面提高学生的职业道德、职业能力和综合素质。

汽车运用与维修专业技能型紧缺人才培养培训的基本原则是：

1. 以全面素质为基础，以能力为本位。
2. 以企业需求为基本依据，以就业为导向。
3. 适应企业技术发展，体现教学内容的先进性和前瞻性。
4. 以学生为主体，体现教学组织的科学性和灵活性。

根据这一指导思想和基本原则，我们组织编写了这套汽车运用与维修专业通用教材。

本套教材具有以下特点：

1. 采用新标准、新规范、新规定。
2. 反映新结构、新材料、新工艺、新知识与新经验。
3. 突出实践，理论与实训比例为1∶1左右。
4. 教材内容以够用为主，定位准确，难度适宜。

通过本套教材的学习，可以使学生达到以下要求：

1. 能够了解汽车维修企业的生产过程，具备初步的企业生产经验。
2. 能够分析和解决本专业的一般技术问题，具有初步的工作计划、组织、实施和评估能力。
3. 能够借助工具书阅读一般的专业外文技术资料。
4. 具有良好的人际交流能力、团队合作精神和客户服务意识。
5. 具有安全生产、环境保护以及汽车维修等法规的相关知识和技能。

学生通过对本套教材的学习，能完全掌握必要的本专业理论知识，同时还能达到相应的技能要求，还能够取得相应的职业资格证书，为就业打下良好的基础。

“汽车电子技术基础”是一门重要的技术基础课，该课的任务是培养学生具有汽车工程技术人员必备的分析基础电子电路的能力、选择和使用电子元器件及有关电子电路的能力，并具有电子电路的安装、调试及维修基本能力。编写本教材的指导思想是：淡化理论，重视应用，原理分析以定性为主，辅以少量计算。凡在本教材中引入的公式及重要结论一般均不作详细推导，重点放在介绍电子元器件及其典型电路在汽车电子技术中的应用和学生实践能力的培养上。通过本课程的学习，使学生了解电子技术在汽车专业中的地位和重要性，使学生能适应21世纪汽车电子新技术、新工艺发展的需要，并且提高对相关专业知识的自学能力。本书编写中力求突出以下特点：

1. 体现21世纪电子技术的新知识、新工艺、新技术在汽车电子技术中的应用。注意将教学内容的重点从分立元件为主转到以集成电路为主，从以模拟电路为主转到模拟电路与数字电路比例协调、相互兼顾上来。本教材删除了传统直流电源、放大器参数计算、反馈等内容，加强了运算放大器、门逻辑电路、触发器逻辑集成等电路的应用，还增加了电子技术信息处理方面内容的介绍。

2. 充分考虑中等职业学校的教学实际，精简元器件内部的机理，避免繁杂的数学推导和理论分析，降低理论知识的深度和难度，深入浅出地阐述各单元电路的基本概念、基本原理和应用知识，力求内容简洁、精炼、重点突出。

3. 体现能力本位的职教特色。采用应用实例，对理论知识、功能电路在汽车电子技术中的实际应用及实践中应注意的问题加以介绍，使教材更有针对性，突出了实用性。各章的末尾都有技能训练内容，以确保各章的能力训练达到基本要求。为了加强对学生实践能力和应用能力的培养，减少了验证性实验，增强了电路组装、调测等有助于提高实践技能的内容，以体现中等职业技术教育的特色。

由于电子技术日新月异，编者见识和水平有限，书中难免有不足之处，恳请广大读者批评指正。意见或要求可联系电子信箱：zchzchzch200412@yahoo.com.cn

中等职业学校汽车运用与维修专业教材编委会

目　录

第一章　二极管和二极管整流电路

学习要点

1. 了解半导体的基本知识：导电机理，种类，PN 结，特性。
2. 掌握二极管（PN 结）的单向导电特性。
3. 了解半导体二极管的伏安特性和主要参数。
4. 掌握整流电路的组成、工作原理及主要参数的计算。

教学难点

1. 二极管（PN 结）的单向导电特性。
2. 整流电路的分析计算。

第一节　半导体的基本知识

一、物质的分类

按照导电能力，物质可分为导体、绝缘体和半导体三大类。

1. 导体

容易传导电流的物质为导体，如电缆线芯所使用的铜、铝等金属。

2. 绝缘体

能够可靠地隔绝电流的物质为绝缘体，如电缆的护套所使用的橡胶、塑料等。

3. 半导体

导电能力介于导体与绝缘体之间的物质。常见的材料如硅（Si）或锗（Ge）。

二、导体的导电机理

半导体中，能够运载电荷的的粒子有两种：

$\left.\begin{cases}\text{自由电子：带负电}\\ \text{空穴：带与自由电子等量的正电}\end{cases}\right\}$均可运载电荷——载流子。

在电场的作用下定向移动的自由电子和空穴，统称为载流子，如图 1－1 所示。

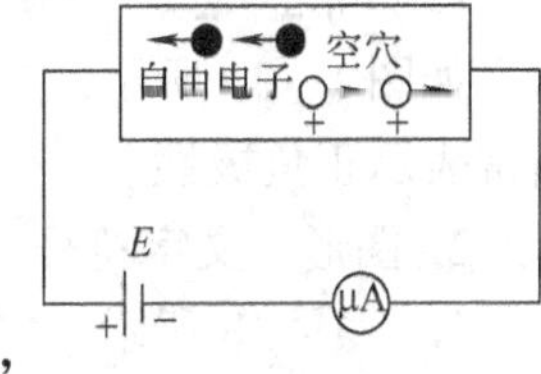

图 1－1　半导体的两种载流子

三、半导体的种类

1. 本征半导体

不加杂质的纯净半导体晶体。如本征硅（Si）或本征锗（Ge）。本征半导体电导率低，为提高导电性能，需掺杂，形成杂质半导体。

2. 杂质半导体

为了提高半导体的导电性能，在本征半导体（4 价）中掺入硼或磷等杂质所形成的半导体称为杂质半导体。根据掺杂的物质不同，可分为两种：

（1）P 型半导体：本征硅（或锗）中掺入少量硼元素（3 价）所形成的半导体，如 P 型硅。其中，多数载流子为空穴，少数载流子为电子。

(2) N 型半导体：本征硅（或锗）中掺入少量磷元素（5 价）所形成的半导体，如 N 型硅。其中，多数载流子为电子，少数载流子为空穴。

四、PN 结

将 P 型半导体和 N 型半导体使用特殊工艺结合在一起，形成 PN 结。

(1) N 型和 P 型半导体之间的特殊薄层叫做 PN 结，如图 1－2 所示。

(2) PN 结具有单向导电特性。即 P 区接电源正极，N 区接电源负极，PN 结导通；反之，PN 结截止。PN 结是构成半导体器件的基本单元。

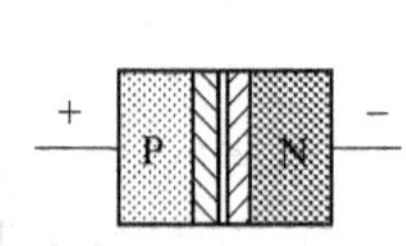

图 1－2　PN 结

五、半导体的特性

1. 掺杂性

在纯净半导体中掺入微量的杂质元素，它的导电能力大大增强。利用掺杂半导体可以制造各种半导体器件。

2. 热敏性

温度升高，将使半导体的导电能力大大增强，例如，硅在 200℃ 时的导电能力要比一般室温时增加几千倍。利用半导体对温度十分敏感的特性，可以制造自动控制中的常用的热敏电阻及其热敏元件。

3. 光敏性

用光对半导体照射时，光照越强，导电能力越强。利用半导体的光敏性，可以制造光敏元件和光敏开关，从而可实现自动控制。

第二节　二极管及其单向导电特性

电子元器件：
- 元件：电阻（R）、电容（C）、电感（L）、变压器（T）等
- 器件：晶体二极管、晶体管、晶闸管等

一、二极管

1. 外形

如图 1－3a 所示，二极管由密封的管体和两条正、负电极引线所组成。管体外壳的标记通常表示正负极性。

2. 图形、文字符号

如图 1－3b 所示，二极管的图形符号由三角形和竖杠所组成。其中，三角形表示正极，竖杠表示负极。V 或 VD 为二极管的文字符号。

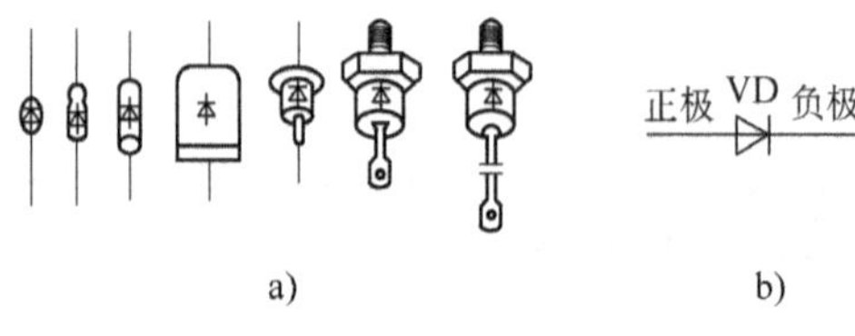

图 1－3　二极管外形和符号图

二、二极管的单向导电性

二极管内部有一个 PN 结，因此具有单向导电性。其正、负极对应于 PN 结的 P 型和 N 型半导体，如图 1－2 所示。

（1）正极电位 > 负极电位，二极管正偏。

（2）正极电位 < 负极电位，二极管反偏。

即二极管正偏导通，反偏截止，这一导电特性称为二极管的单向导电性。

［例 1－1］ 图 1－4 所示电路中，当开关 S 闭合后，H_1、H_2 两个指示灯，哪一个可能发光？

解 由电路图可知，开关 S 闭合后，只有二极管 VD_1 正极电位高于负极电位，即处于正向导通状态，所以 H_1 指示灯发光。

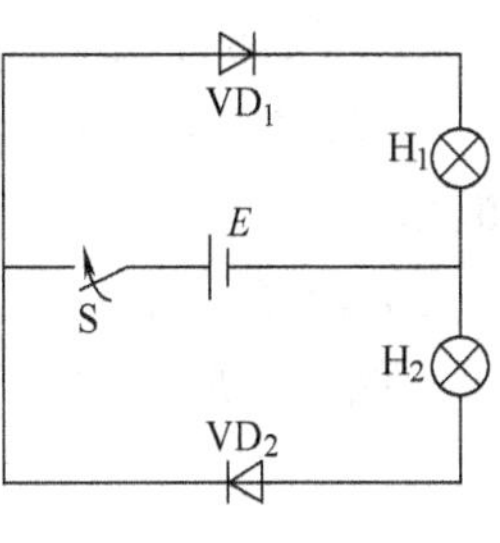

图 1－4 ［例 1－1］电路图

第三节 二极管的伏安特性

一、二极管的伏安特性定义

二极管两端的电压和流过的电流之间的关系曲线叫作二极管的伏安特性曲线。

二、测试电路（见图 1－5）

三、伏安特性曲线（见图 1－6）

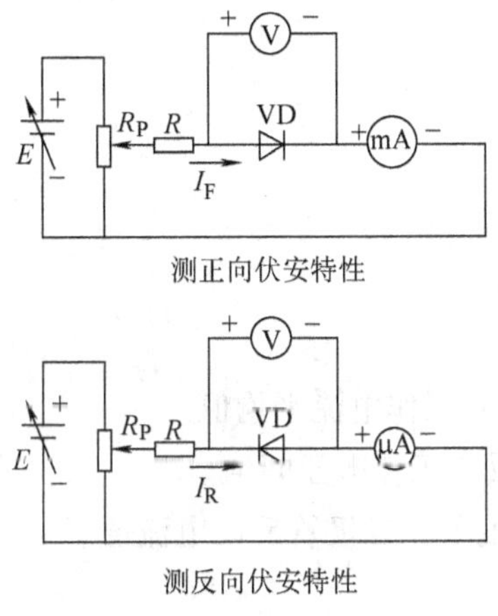

图 1－5 测试二极管伏安特性电路

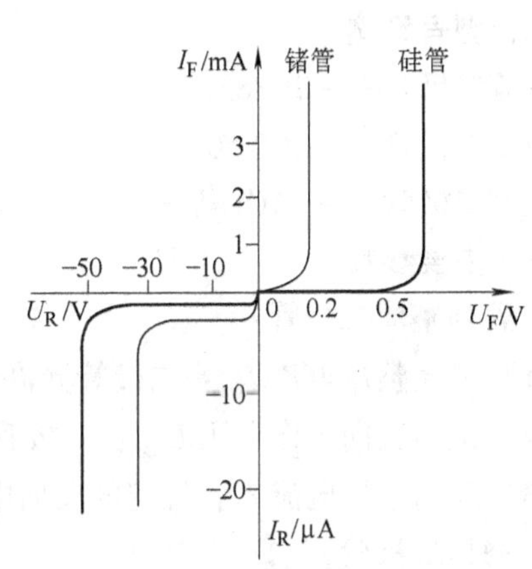

图 1－6 二极管伏安特性曲线

四、特性分析

1. 正向特性

（1）正向电压 U_F 小于门槛电压 U_T 时，二极管 VD 截止，正向电流 $I_F=0$；

其中，门槛电压 $U_T=\begin{cases}0.5\text{V}\ (\text{Si})\\0.2\text{V}\ (\text{Ge})\end{cases}$

（2）$U_F>U_T$ 时，VD 导通，I_F 急剧增大。导通后 VD 两端电压基本恒定：

$$\text{导通电压}\ U_{on}=\begin{cases}0.7\text{V}\ (\text{Si})\\0.3\text{V}\ (\text{Ge})\end{cases}$$

结论：正偏时电阻小，具有非线性。

2. 反向特性

反向电压 $U_R < U_{RM}$（反向击穿电压）时，反向电流 I_R 很小，且近似为常数，称为反向饱和电流。

$U_R > U_{RM}$时，I_R 剧增，此现象称为反向电击穿。对应的电压 U_{RM}称为反向击穿电压。

结论：反偏时电阻大，存在电击穿现象。

第四节　二极管的分类、型号和参数

一、分类

（1）按材料分：硅管、锗管。

（2）按 PN 结面积分：点接触型（电流小，高频应用）、面接触型（电流大，用于整流）。

（3）按用途分：如图 1－7 所示，有利用单向导电性把交流电变成直流电的整流二极管；利用反向击穿特性进行稳压的稳压二极管；利用反向偏压改变 PN 结电容量的变容二极管；利用磷化镓把电能转变成光能的发光二极管；将光信号转变为电信号的光敏二极管。

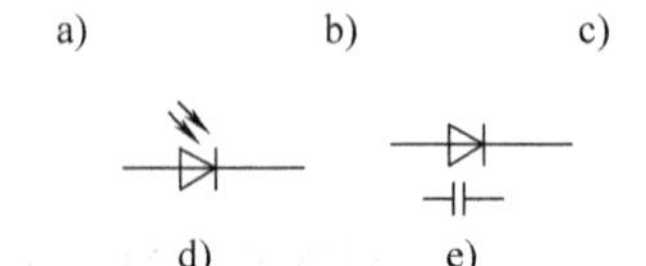

图 1－7　二极管图形符号
a）整流二极管　b）稳压二极管
c）发光二极管　d）光敏二极管
e）变容二极管

二、型号举例

整流二极管——2CZ82B

稳压二极管——2CW50

变容二极管——2AC1 等等。

三、主要参数

1. 普通整流二极管

（1）最大整流电流 I_{FM}：二极管允许通过的最大正向工作电流平均值。

（2）最高反向工作电压 U_{RM}：二极管允许承受的反向工作电压峰值。

（3）反向平均电流 I_R：规定的反向电压和环境温度下，二极管反向电流值。

2. 稳压二极管

主要参数：稳定电压 U_Z、稳定电流 I_Z、最大工作电流 I_{ZM}、最大耗散功率 P_{ZM}、动态电阻 r_Z 等。

第五节　二极管整流电路

整流：把交流电变成直流电的过程。

整流原理：利用二极管的单向导电特性，将交流电变成脉动的直流电。

单相整流电路种类：
- 半波整流
- 全波整流
  - 变压器中心抽头式
  - 桥式
- 倍压整流

一、单相半波整流电路

电路如图 1－8a 所示。

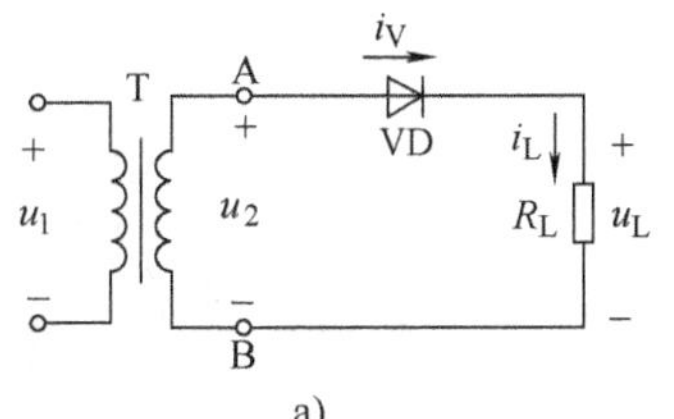

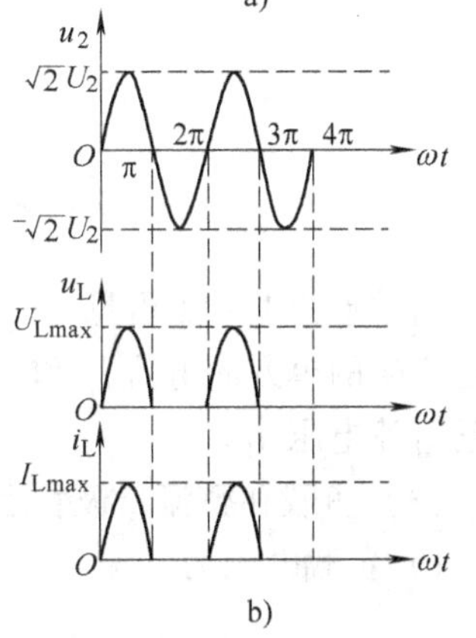

图 1－8 单相半波整流电路

a）电路 b）波形

VD：整流二极管，把交流电变成脉动直流电；

T：电源变压器，把 u_1 变成整流电路所需的电压 u_2。

（1）工作原理。设 u_2 为正弦波，波形如图 1－8b 所示。

1）u_2 为正半周时，A 点电位高于 B 点电位，二极管 VD 正偏导通，则 $u_L \approx u_2$。

2）u_2 为负半周时，A 点电位低于 B 点电位，二极管 VD 反偏截止，则 $u_L \approx 0$。

由波形可见，u_2 一周期内，负载只有单方向的半个波形，这种大小波动、方向不变的电压或电流称为脉动直流电。上述过程说明，利用二极管单向导电性可把交流电 u_2 变成脉动直流电 u_L。由于电路仅利用 u_2 的半个波形，故称为半波整流电路。

（2）负载和整流二极管上的电压和电流

1）负载电压

$$U_L = 0.45U_2$$

2）负载电流

$$I_L = \frac{U_L}{R_L} = \frac{0.45U_2}{R_L}$$

3）二极管正向电流和负载电流

$$I_V = I_L = \frac{0.45U_2}{R_L}$$

4）二极管反向峰值电压

$$U_{RM} = \sqrt{2}U_2 \approx 1.41U_2$$

电路缺点：电源变压器利用率低，纹波成分大。解决办法：全波整流。

二、单相全波整流电路

全波整流 $\begin{cases}\text{变压器中心抽头式}\\ \text{桥式}\end{cases}$

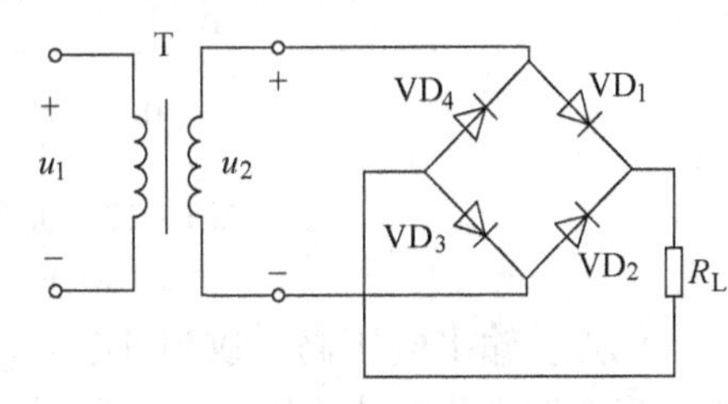

图 1－9 桥式整流电路

1. 单相桥式全波整流电路电路图

单相桥式全波整流电路如图 1－9 所示。VD_1 ~ VD_4 为整流二极管，电路为桥式结构。

2. 工作原理

（1）u_2 为正半周时，如图 1－10a 所示，A 点电位高于 B 点电位，则 VD_1、VD_3 导通（VD_2、VD_4 截止），i_1 自上而下流过负载 R_L。

（2）u_2 为负半周时，如图 1－10b 所示，A 点电位低于 B 点电位，则 VD_2、VD_4 导通（VD_1、VD_3 截止），i_2 仍自上而下流过负载 R_L。

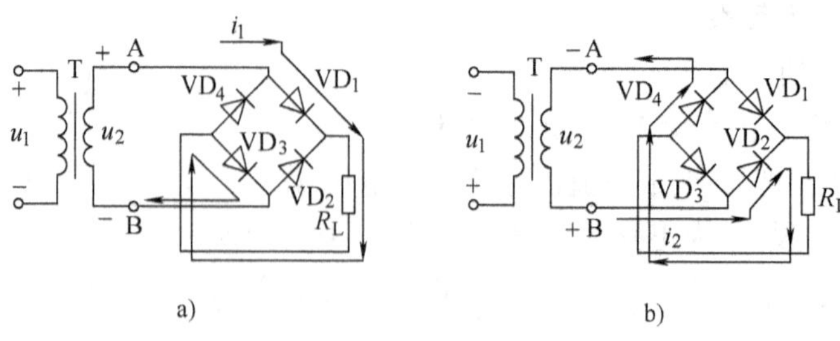

图 1－10　桥式整流电路工作过程

a）u_2 为正半周时的电流方向　b）u_2 为负半周时的电流方向

由波形图 1－11 可见，u_2 在一周期内，两组整流二极管轮流导通产生的单方向电流 i_1 和 i_2 叠加形成了 i_L。于是负载得到全波脉动直流电压 u_L。

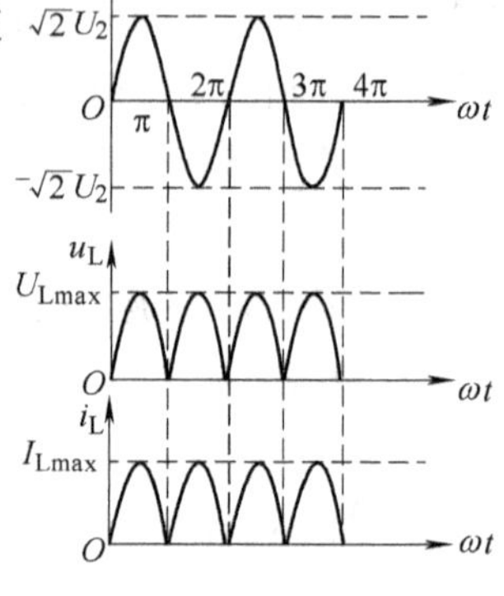

图 1－11　桥式整流波形图

（3）负载和整流二极管上的电压和电流

1）负载电压为

$$U_L = 0.9U_2$$

2）负载电流为

$$I_L = \frac{U_L}{R_L} = \frac{0.9U_2}{R_L}$$

3）二极管的平均电流为

$$I_V = \frac{1}{2}I_L$$

4）如图 1－12 所示，二极管承受反向峰值电压为

$$U_{RM} = \sqrt{2}U_2$$

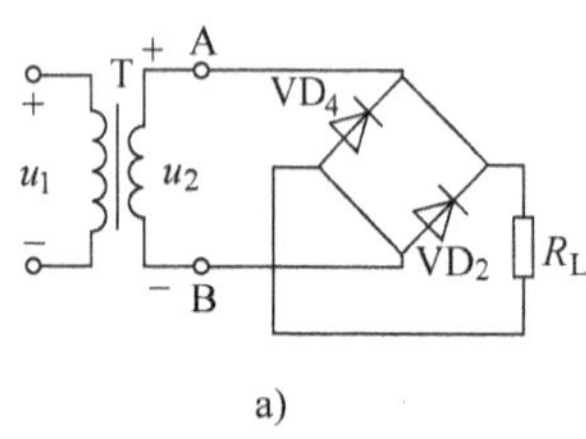

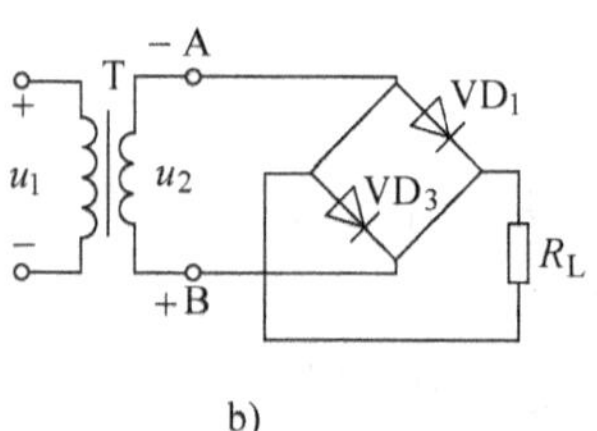

图 1－12　桥式整流二极管承受的反向峰值电压

a）u_2 正半周时　b）u_2 为负半周时

优点：输出电压高，纹波小，U_{RM} 较低，应用广泛。桥式整流电路简化画法如图 1－13 所示。

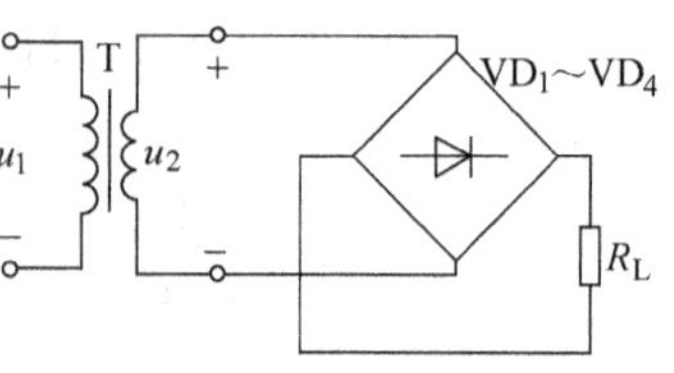

图 1－13　桥式整流电路简化画法

[例 1－2]　有一直流负载，需要直流电压 $U_L = 60V$，直流电流 $I_L = 4A$。若采用桥式整流电路，求电源变压器二次电压 U_2，并选择整流二极管。

解　因为 $U_L = 0.9U_2$　所以

$$U_2 = \frac{U_L}{0.9} = \frac{60V}{0.9} \approx 66.7V$$

流过二极管的平均电流

$$I_V = \frac{1}{2} I_L = \frac{1}{2} \times 4A = 2A$$

二极管承受的反向峰值电压

$$U_{RM} = \sqrt{2} U_2 = 1.41 \times 66.7V \approx 94V$$

查晶体管手册，可选用整流电流为3A、额定反向工作电压为100V的2CZ12A整流二极管（3A/100V）四只。

整流器件组合件称为整流堆，常见的有半桥2CQ型，如图1-14a所示；全桥QL型，如图1-14b所示。

优点：电路组成简单、可靠。

三、三相桥式整流

汽车发电机三相桥式整流电路的原理图如图1-15所示，利用二极管的单相导电性将三相交流电转换为直流电，交流发电机的整流器采用的是三相桥式全波整流电路，其中 VD_1、VD_3、VD_5 三个二极管组成共阴极组，VD_2、VD_4、VD_6 三个二极管组成共阳极组。三相变压器的二次绕组为星形联结，引出三根线和桥式整流器相接。三相正弦交流电相位差互为120°，整流电压在 R_f 上产生直流电流。图1-16a为三相交流电压的波形。图1-16b为整流后的直流电压波形。六只硅二极管的整流过程如下：

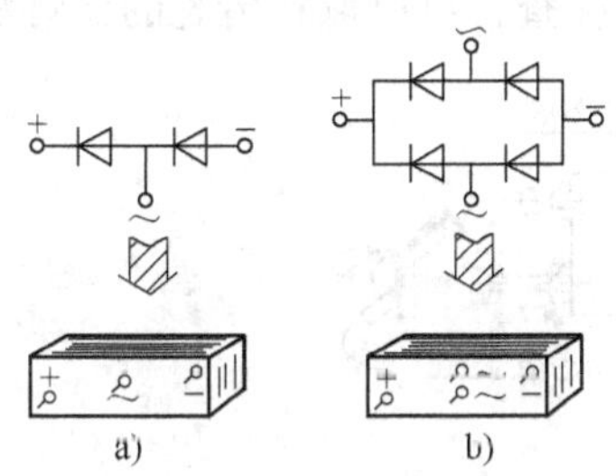

图1-14　半桥和全桥整流堆

a）2CQ型半桥堆　b）QL型全桥堆

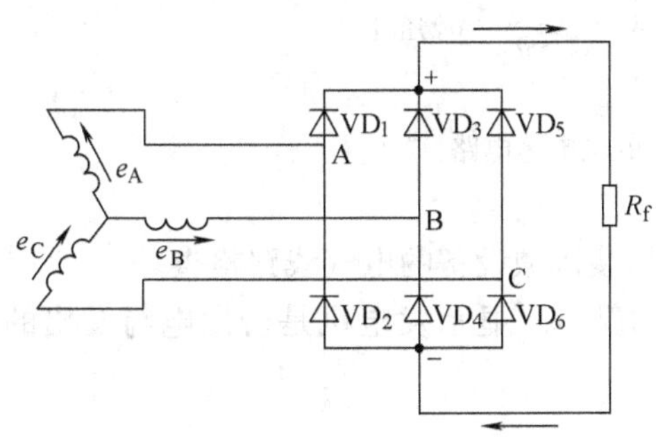

图1-15　汽车发电机三相桥式整流电路原理图

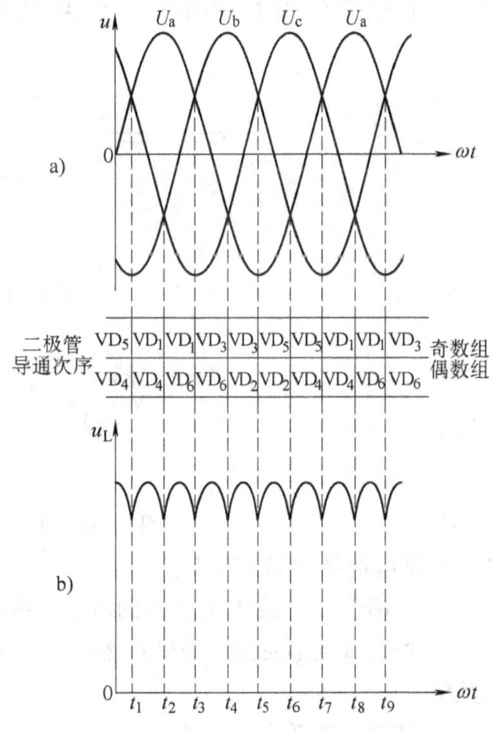

图1-16　三相桥式整流电路的电压波形

在 $0\sim t_1$ 时刻 C 相电压为正，B 相电压为负，二极管 VD_5、VD_4 在正向电压下导通，在线电压 U_{BC} 的作用下，电流从 C 点出发，经 $VD_5 \rightarrow R_L \rightarrow VD_4$ 回 B 点。

在 VD_5、VD_4 导通的同时，由于 VD_1、VD_2、VD_3、VD_6 均承受的是反向电压而处于截止状态。

$t_1\sim t_2$ 时刻里，A 点电位最高，B 点电位最低，所以 VD_1、VD_4 在正向电压下导通，其他二极管均处于截止状态。

我们再接着分析 $t_2\sim t_3$、$t_3\sim t_4$……，就可找出各个二极管的导通规律（见图 1－16 的中间部分）。这样，6 只管分别导通，就在 R_L 两端出现了直流电压 U_L，流经 R_L 的也就是直流电流 I_L，整流后的电压平均值为 $U_L = 2.34U_2$，U_2 为相电压的有效值。

第六节　二极管应用举例

一、汽车试电笔

在检查汽车电气线路时，很需要一种操作简便的测试工具，如图 1－17 所示，用发光二极管制成的试电笔就具有这种特点，有兴趣的同学可以试制。图 1－18 所示为具有两档发光显示的试电笔电路。工作时，当被测点电压超过 6V 时，VS_1 被击穿导通，VL_1 得电发光；当被测电压超过 11V 时，VS_1、VS_2 同时被击穿导通，VL_1 和 VL_2 同时得电发光。图 1－19 所示是多档发光显示试电笔电路，当被测点电压超过 6V 时，VS 被击穿导通，它可把电压从 6～12V 分五档导通 D_{1-8}，$VL_1\sim VL_5$ 分五档进行显示，每档约 1.4V，使用由发光二极管制成的试电笔可对汽车电源和用电设备，以及全车线路进行检查，可以取代传统的试灯法。

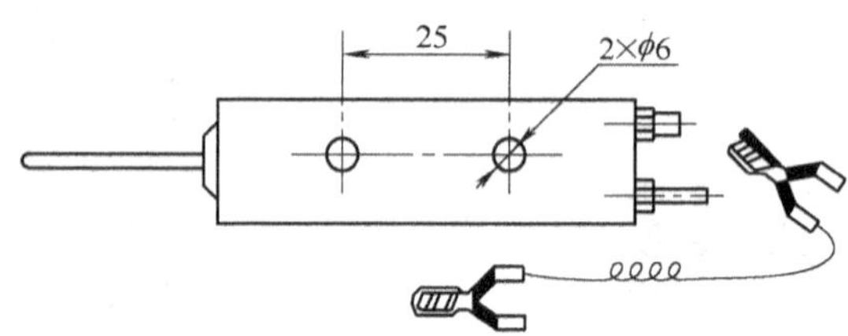

图 1－17　汽车试电笔

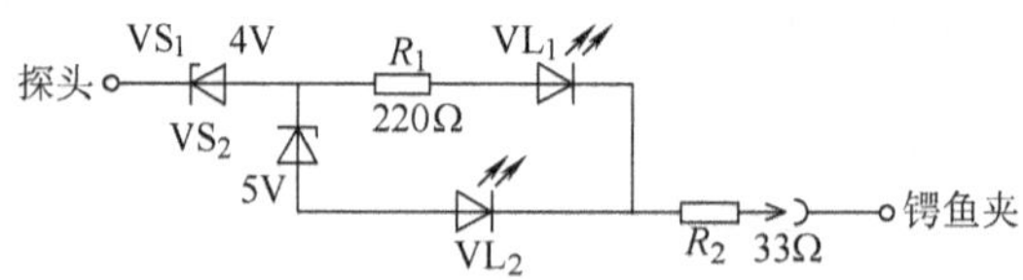

图 1－18　两档发光显示的试电笔电路

本试电笔具有如下特点：

1. 可用于 12V 或 24V 系列的汽车、拖拉机及吊装机械设备的电气线路检查。

2. 根据试电笔发光二极管点燃的个数和发光的颜色，显示发电机是否发电与发出的电压数值。

3. 试电笔功耗小，灵敏度高，寿命长。

4. 既可作试电笔，又可作螺钉旋具用。

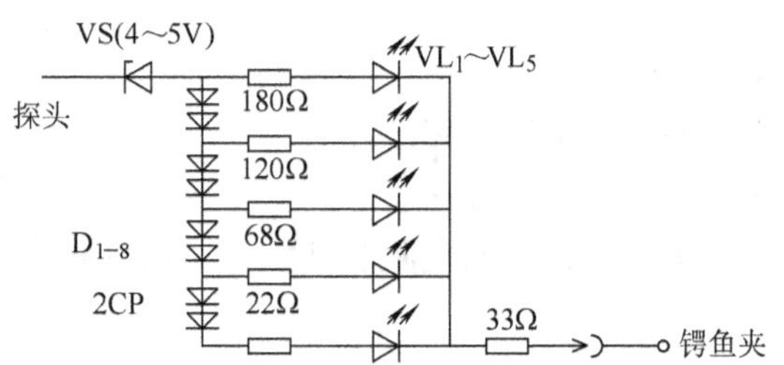

图 1－19　多档发光显示试电笔电路

二、汽车充电机

图 1－20 为汽车充电机电路图。接入市电后，通过调节开关 S_1 及 S_2 位置改变变压器二次抽头获得不同的二次电压，经桥式整流后可获得 6～60V 的直流输出。设备上装有电压表和电流表，可对输出状态进行监视。

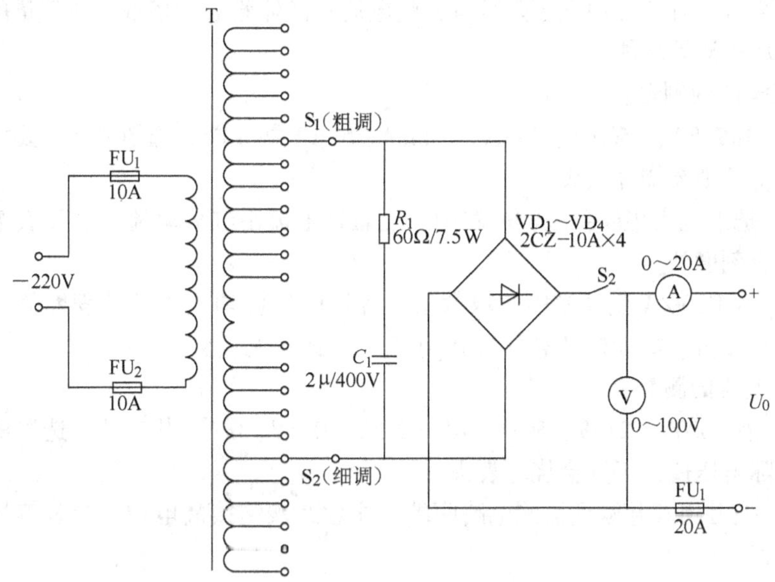

图 1－20　汽车充电机电路图

技能训练一：二极管的测试

用万用表检测二极管，如图 1－21 所示。

1. 判别正负极性

万用表测试条件：采用 $R\times100$ 或 $R\times1\text{k}$ 档；

将红、黑表笔分别接二极管两端。所测电阻小时，黑表笔接触处为正极，红表笔接触处为负极。

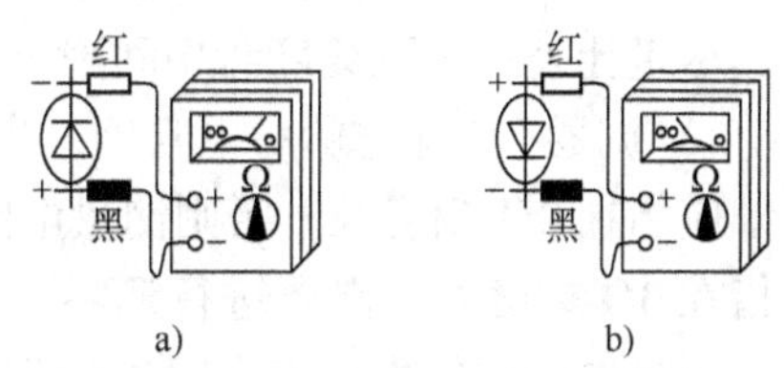

图 1－21　万用表检测二极管

a）测出正向电阻小　b）测出反向电阻大

2. 判别好坏

万用表测试条件：采用 $R\times1k$ 档。

（1）若正反向电阻均为零，二极管短路。

（2）若正反向电阻非常大，二极管开路。

（3）若正向电阻约为几千欧姆，反向电阻非常大，二极管正常。

技能训练二：常用仪器、仪表的使用

1. 万用表的使用（以 YX—960TR 型为例）

万用表有多种规格和类型，但基本功能是相同的，都能用于直流电流、直流电压、交流电压和电阻的测量。有的万用表还附带有交流电流、晶体管放大倍数、电容量的测量和短路指示、电池好坏检测等功能。

（1）直流电流的测量：

1）选档：有 2.5A、250mA、25mA、2.5mA、50μA 共 6 档。选档电流值要大于被测电路的实际电流值，否则会烧坏表头。

2）测量：把万能表串联到被测电路中，注意让电流由红表笔流入、黑表笔流出，表针向右摆动到相应刻度处。

3）读数：从 DCV/A 刻度栏中读取数值。各档电流值均为表针的满度值。该刻度栏把满度值等分为 5 大格，每大格又等分为 10 小格，按此比例读数。

（2）直流电压的测量：

1）选档：有 1000V、250V、50V、10V、2.5V、0.5V、0.1V 共 7 档。选档电压值要大于被测电路的实际电压值，否则会烧坏表头。

2）测量：把万用表并联到被测电路两端，注意红表笔接高电位、黑表笔接低电位，表针向右摆动到相应刻度处。

3）读数：从 DCV/A 刻度栏中读取数值。各档电压值也是表针的满度值。

（3）交流电压的测量

测量交流电压的选档、测量、读数方法跟测量直流电压基本相同，只是不用区别红、黑表笔。交流电压的测量有 1000V、250V、50V、10V 共 4 档。

（4）电阻的测量

1）选档：有 ×1Ω、×10Ω、×100Ω、×1kΩ、×10kΩ 共 5 档。测量 100Ω 以内电阻时选 ×1Ω 档，测量 1000Ω 以内电阻时选 ×10Ω 档，如此类推。一般选档倍数约为阻值的百分之一，尽量让表针摆到刻度盘中间附近，便于读数。

2）调零：无论选哪一电阻档，当两支表笔直接短接时（两表笔之间的电阻值为零），表针都应指在 0Ω 刻度处，否则测量电阻时读数就会不准确。如果两支表笔直接短接时，表针不指在 0Ω 刻度处，需要进行调零，方法是旋转调零旋钮，让表针对准 0Ω 刻度处。注意，首次测量电阻或每次变换电阻档后都必须重新调零，否则读数无效。

3）测量：把两支表笔连接到被测电阻的两端，表针向右摆动到相应刻度处。注意两手不要同时接触表笔的金属杆或电阻的两端，否则会因为并入人体电阻而影响读数。

4）读数：选用各电阻档都是读同一行电阻刻度数，再乘以该档的倍数，就是被测电阻的阻值。

2. 示波器的使用

示波器的应用非常广泛，除了用于显示被测电压波形外，还可以进行各种有关波形数据的测量，如幅值、频率、相位等。正确地使用示波器在电子实习中非常重要，常用示波器的型号和规格有很多种，但操作方法和注意事项是基本一样的。

（1）操作方法

1）连接好电源线和输入信号线，按电源开关（POWER），接通电源。

2）按信号通道选择按钮，选择 CH_1、CH_2、CH_1+CH_2 或 CH_1-CH_2，可以选择单踪显示；也可以选择 CH_1 和 CH_2 双踪显示，同时观察两个信号波形。

3）调整扫描速度变换开关，使扫描频率（周期）与信号同步，波形稳定。从旋钮指针所示每格秒数可以读出信号的周期。

4）调整水平移动旋钮，使波形水平移动至合适的位置。

5）调整 CH_1 或 CH_2 上下移动旋钮，使波形上下移动至合适的位置。

6）调整 CH_1 或 CH_2 衰减开关，使波形幅度合适。从旋钮指针所示每格伏数可以读出信号的电压幅值或峰—峰值。

7）如果波形的亮度或聚焦不良，还可以调整亮度或聚焦旋钮，使其达到最佳效果。一经调好后，无须重复调整。

（2）注意事项

1）示波器使用温度应在 0～40℃。不要把其他仪器或杂物盖在示波器的通风孔上，以免影响散热，造成仪器过热而发生故障。

2）使用时示波器的亮度不要过高，否则不但刺眼，还会导致荧屏灼伤。

3）不要输入过高的信号电压，信号输入不能超出额定的最高电压范围。

有的示波器还有一些其他功能的变换开关和调节旋钮，使用时参照其说明书。

3. 低频信号发生器的使用

低频信号发生器能产生 1Hz～1MHz 的正弦波、方波和三角波电信号，一般应用的频率范围在 20Hz～200kHz，主要用作调试低频放大器等电子电路的信号源。下面介绍一般信号发生器的使用方法和注意事项：

1）通电：接入 220V、50Hz 交流电源后预热 10min，产生较稳定的频率。

2）选择输出波形：通过旋转或按钮开关，选择所需波形。

3）输出信号频率调节：根据使用的频率范围，先将粗调开关旋转至适当位置，再调节微调旋钮，直至得到所需频率。如果是函数发生器，其输出频率为连续可调，信号频率由 6 位数字显示，输出信号幅度不随频率变化。

4）输出信号幅度调节：适当调节输出衰减开关和微调旋钮，获得所需输出信号电压。

5）当信号发生器接入被调试电子电路板并且与其他电子仪器同时使用时，应注意共地。同时特别注意信号发生器的输出端不能对地短路，否则会损坏信号发生器。

6）对于函数发生器，为避免过载，输出内阻选“50Ω”；避免接纯电抗性负载；若需要输出 0.1Hz 信号时，把“对称性”控制钮拉出，频率将减至 1/15。

4. 电子毫伏表的使用

电子毫伏表用于测量正弦交流电压信号的电子仪器。它的优点是输入阻抗高、灵敏度高和适用频率高。晶体管毫伏表使用方法和注意事项如下：

（1）正确选择量程：不要超过毫伏表的电压测量范围（约为100μV～300V）。若事先不知道被测电压的数值应将量程选至最大值，接入被测电压后，再根据读数逐步减少量程，直到合适的量程为止（表针偏转以满刻度的2/3为佳）。切勿用低压档去测量高电压，否则会损坏电表。

（2）接通电源后应先调零：先将量程选至最小档，等指针摆动数次后，将两输入端短路，调节调零旋钮，使表针指示零位后再进行测量。输入端短路时，表针稍有噪声偏转是正常的。

（3）连接测量线路：接线时先接地线，后接信号线；拆线时先拆信号线，后拆地线。连接线路之前最好把量程选在灵敏度较低的档级（V档），为减少外部感应电压的影响，连接线尽可能短，最好使用屏蔽电缆。

（4）注意良好接地：由于电表灵敏度较高，使用时接地点必须良好；与其他仪器一同使用时应正确共地，否则会影响测量效果。

本 章 小 结

1. 物质按导电性能可分为导体、绝缘体和半导体三类，半导体的导电性能介于导体和绝缘体之间。

2. 纯净的半导体又称为本征半导体，半导体的特性主要有热敏特性、光敏特性和掺杂特性。常用的半导体材料有硅、锗。在本征半导体中掺入微量的五价元素时，就得到了N型半导体。N型半导体是以电子导电为主，所以又称为电子型半导体。

3. 在本征半导体中掺入微量的三价元素时，就得到了P型半导体。P型半导体是以空穴导电为主，所以又称为空穴型半导体。在半导体中，电子和空穴均为载流子。

4. 当把一块P型半导体和一块N型半导体结合在一起时，在它们的界面上就形成一个带有正、负离子而无载流子的特殊薄层，这个薄层就叫做PN结。PN结具有单向导电特性，正偏导通，反偏截止。

5. 二极管是由一个PN结加上引线经封装构成。P区接出的为二极管的阳极（正极），N区接出的为二极管的阴极（负极），二极管的特性可用伏安特性曲线来描述。二极管内有一个PN结，因此，二极管具有单向导电特性。二极管因伏安特性是非线性的，所以是非线性器件。二极管的门槛电压，硅管约为0.5V，锗管约为0.2V；导通时正向压降，硅管约为0.7V，锗管约为0.3V。

6. 利用二极管的单向导电特性，可以组成把交流电变成直流电的整流电路，常见的有半波整流、桥式全波整流。

思考题与习题

1. 什么是半导体？什么是本征半导体、P 型半导体和 N 型半导体？PN 结是怎样形成的？

2. 什么是 PN 结的正向偏置和反向偏置？PN 结有什么特性？

3. 为什么一般半导体管要用不透光的材料封装，即使是玻璃管封装也要涂上黑漆？为什么使用半导体时要尽量远离热源或注意通风降温？

4. 画出二极管的电路符号和文字符号，并说明二极管的主要特性。

5. 二极管伏安特性的物理意义是什么？

6. 选用二极管主要考虑哪些参数？并说明参数的含义。

7. 怎样用万用表判别二极管的好坏与极性？

8. 整流电路的作用是什么？整流输出的电压与直流电有什么不同？

9. 在图 1－22 中标出 R_L 的电压极性，并画出 U_L 的波形。

10. 在图 1－23 所示的桥式整流电路中，若出现以下问题，分析对电路正常工作的不良影响。

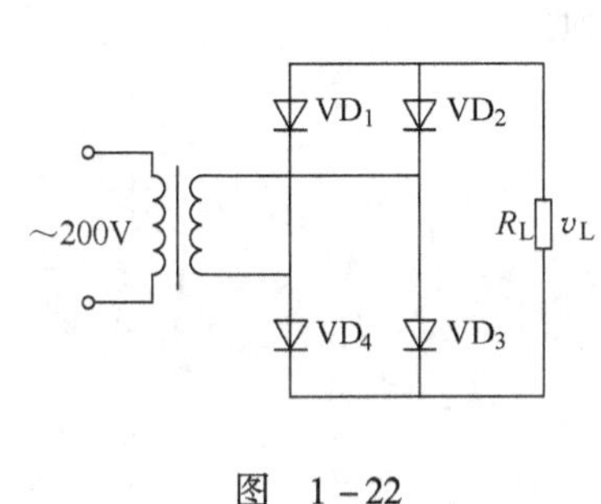

图 1－22

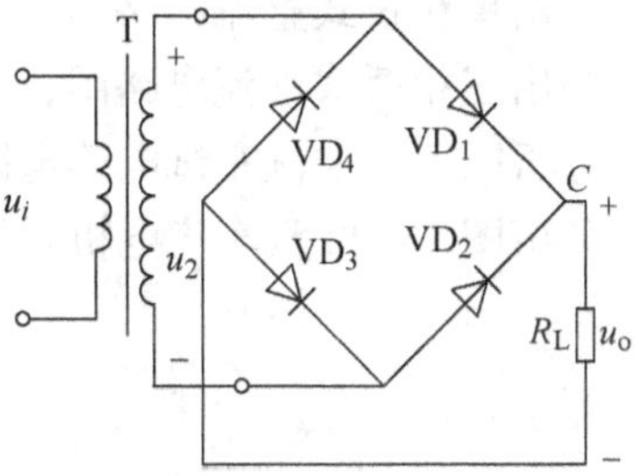

图 1－23

1）二极管 VD_1 极性的反接；

2）二极管 VD_2 开路或脱焊；

3）二极管 VD_3 被击穿短路；

4）负载 R_L 被短路。

11. 一单相桥式整流电路，变压器一次电压为 220V，要求输出直流电压 25V，输出直流电流 300mA，试求变压器的电压比？

12. 硅稳压管、发光二极管和光敏二极管有什么用处？

13. 如图 1－24 所示，分别标出在下列几种情况下输出端 F 点的电位和各元器件（R、VD_A、VD_B）中流过的电流。（1）$U_A = U_B = 0V$（2）$U_A = 3V$，$U_B = 0V$（3）$U_A = U_B = 3V$。（二极管正向压降忽略不计）。

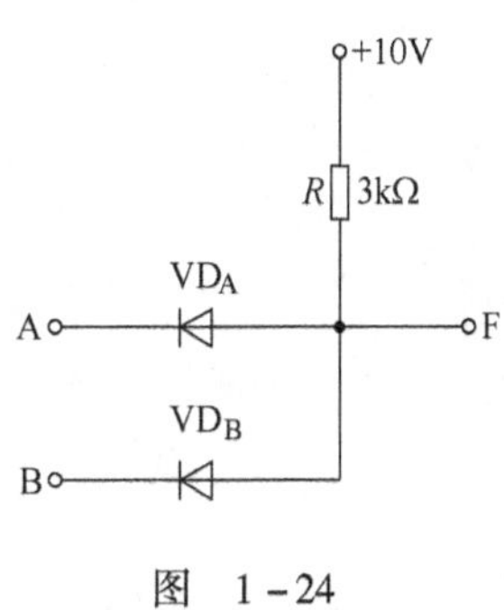

图 1－24

14. 图 1－25 是一个光耦合器的实用连接电路，设发光二极管发光时，光敏晶体管完全导通。按照所给参数，当开关 S 闭合时，输入端的发光二极管电路可以正常工作。试求开关闭合和断开时，输出电压 U_0 的值。（输出光敏晶体管的集－射饱和压降可以认为近似等于 0V）。

15. 在用微安表组成的测量电路中，常用二极管来保护微安表表头，以防直流电源极性接错或通过电流过大而损坏，电路图如图 1－26 所示。试分别说明图 1－26a、b 中二极管各起什么作用，说明原因。

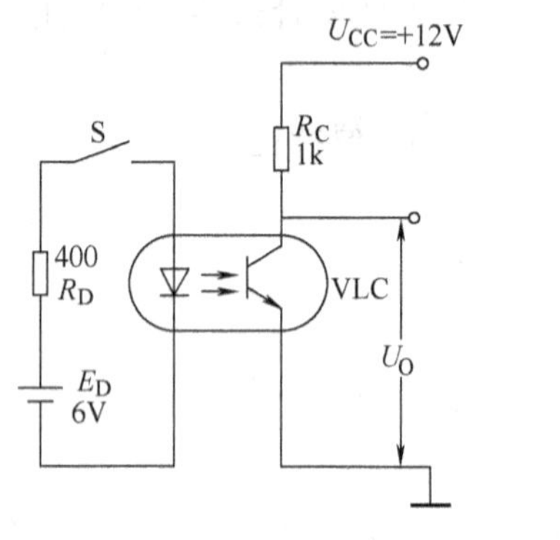

图 1－25　光耦合器

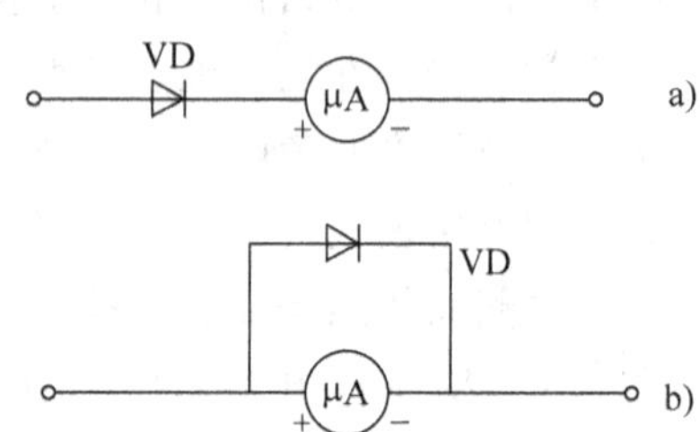

图 1－26　μA 表电路

16. 画出单相桥式整流电路图，并分析电路工作原理。
17. 画出三相桥式整流电路图，并分析电路工作原理。
18. 分析图 1－18 汽车试电笔电路的工作原理。
19. 分析图 1－20 汽车充电机电路的工作原理。

第二章　晶体管及其应用

教学重点

1. 掌握晶体管的结构、工作电压、基本连接方式和电流分配关系。

2. 熟练掌握晶体管的放大作用；共发射极电路的输入、输出特性曲线；主要参数及温度对参数的影响。

教学难点

1. 晶体管的放大作用。

2. 输入、输出特性曲线及主要参数。

第一节　晶　体　管

一、晶体管的结构、分类和符号

1. 晶体管的基本结构

（1）晶体管的外形：如图 2－1 所示，晶体管通常有三个电极，功率大小不同，晶体管的体积和封装形式也各不相同。近年来生产的小、中功率管多采用硅酮塑料封装，大功率晶体管采用金属封装。晶体管通常做成扁平形状并有螺钉安装孔，有的大功率管干脆制成螺栓形状，这样能够使晶体管的外壳和散热器连成一体，便于散热。

（2）晶体管的结构：晶体管的核心是两个 PN 结，按照两个 PN 结的组合方式不同，可分为 PNP 型和 NPN 型两类，如图 2－2 所示。

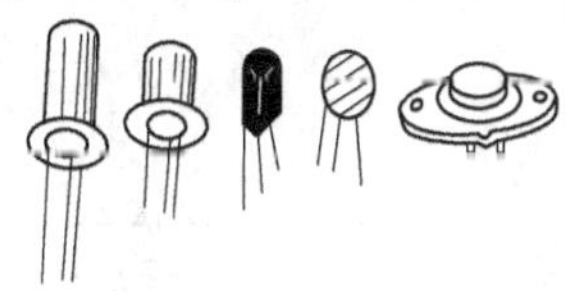

图 2－1　晶体管外形

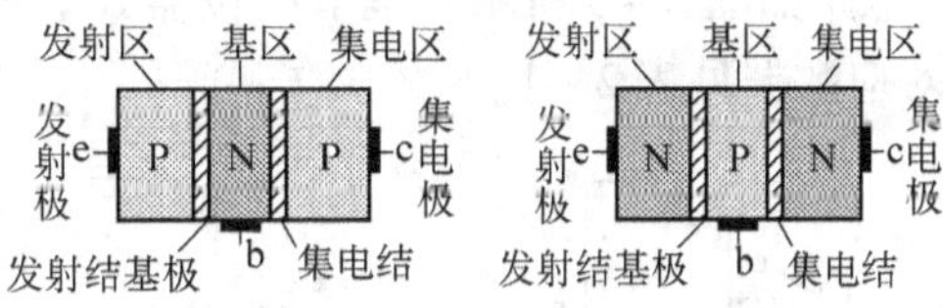

图 2－2　晶体管的结构图

（3）晶体管有三个区：发射区、基区、集电区。发射区掺杂浓度较大，基区很薄且掺杂最少，集电区比发射区体积大且掺杂少。发射区和基区之间的 PN 结称为发射结（BE 结）、集电区和基区之间的 PN 结称为集电结（BC 结）；三个电极分别为发射极 e（E）、基极 b（B）和集电极 c（C）。

2. 晶体管的符号

晶体管的符号如图 2－3 所示。箭头表示发射结加正向电压时的电流方向。文字符号为 VT

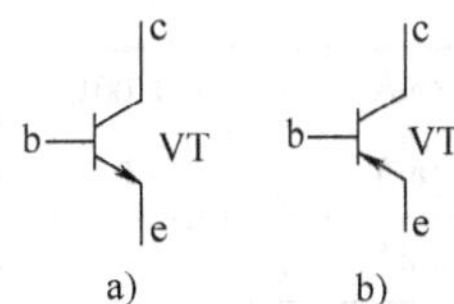

图 2－3　晶体管符号

a）NPN 型　b）PNP 型

3. 晶体管的分类

（1）晶体管有多种分类方法，按内部结构分，有 NPN 型和 PNP 型管；按工作频率分，有低频和高频管；按功率分，有小功率和大功率管；按用途分，有普通管和开关管；按半导体材料分，有锗管和硅管等等。

（2）国产晶体管命名法：例如，3DG 表示高频小功率 NPN 型硅三极管；3CG 表示高频小功率 PNP 型硅晶体管；3AK 表示 PNP 型开关锗三极管等。

二、晶体管的基本连接方式

如图 2-4 所示，晶体管有三种基本连接方式：共发射极、共基极和共集电极接法。最常用的是共发射极接法。

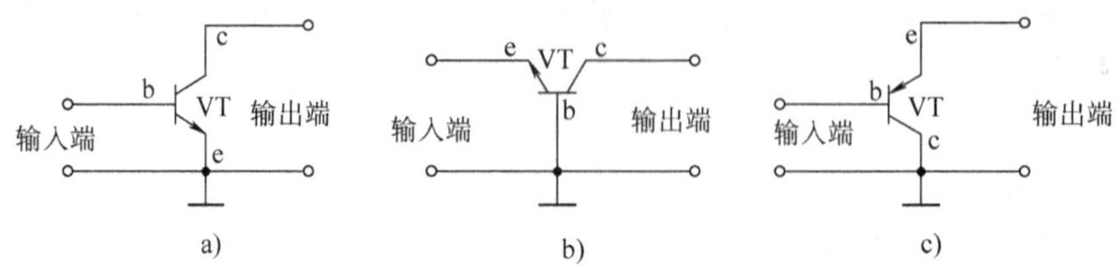

图 2-4　晶体管在电路中的三种基本联接方式

a）共发射极接法　b）共基极接法　c）共集电极接法

第二节　晶体管的电流放大和分配作用

一、晶体管的电流放大作用

1. 晶体管的工作电压

晶体管能够正常放大信号的工作条件是：发射结加正向偏压，集电结加反向偏压，如图 2-5 所示。VT 为晶体管，E_C、E_B 称偏置电源，R_b 为基极电阻，R_c 为集电极电阻。

2. 晶体管的电流放大作用

测量电路如图 2-6 所示：调节电位器 R_p，测得发射极电流 I_E、基极电流 I_B 和集电极电流 I_C 的对应数据见表 2-1。

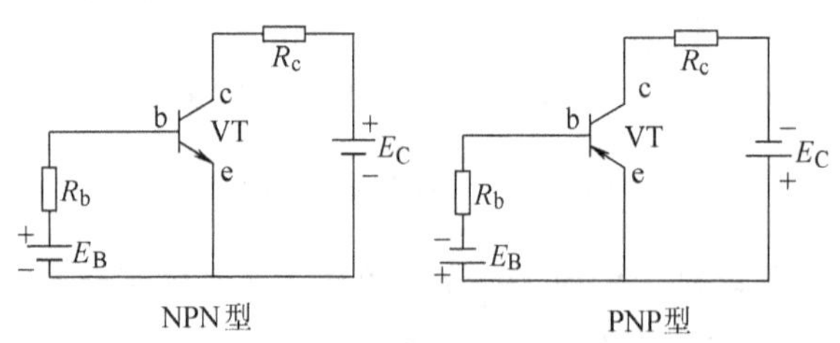

图 2-5　晶体管电源的接法

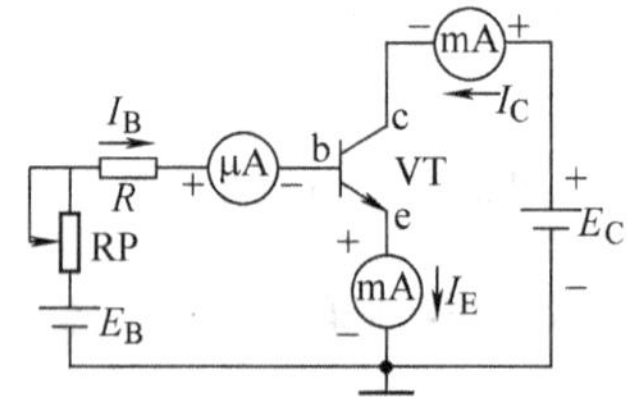

图 2-6　晶体管三个电流的测量

表 2-1　晶体管电流放大作用测量数据

I_B/mA	-0.001	0	0.01	0.02	0.03	0.04	0.05
I_C/mA	0.001	0.01	0.56	1.14	1.74	2.33	2.91
I_E/mA	0	0.01	0.57	1.16	1.77	2.37	2.96

由表 2-1，

$$\frac{\Delta I_C}{\Delta I_B}=\frac{0.58\text{mA}}{0.01\text{mA}}=58$$

结论：

（1）当基极电流 I_B 有微小变化时，就能引起集电极电流 I_C 的较大变化，这种现象称为三极管的电流放大作用。

（2）晶体管是一种利用输入电流控制输出电流的电流控制型器件。其特点是管内有两种载流子参与导电。

（3）电流放大系数

1）交流电流放大系数 β：表示三极管放大交流电流的能力

$$\beta = \frac{\Delta I_C}{\Delta I_B}$$

2）直流电流放大系数 $\bar{\beta}$：表示三极管放大直流电流的能力

$$\bar{\beta} = \frac{I_C}{I_B}$$

（4）通常，$\beta \approx \bar{\beta}$，所以 $I_C = \bar{\beta} I_B$ 可表示为

$$I_C = \beta I_B$$

考虑 I_{CEO}，则

$$I_C = \beta I_B + I_{CEO}$$

二、晶体管的电流分配关系

由表 2－1 得出，晶体管中电流分配关系如下：

$$I_E = I_C + I_B$$

因 I_B 很小，则

$$I_C \approx I_E$$

说明：

（1）$I_E = 0$ 时，$I_C = -I_B = I_{CBO}$。

I_{CBO}称为集电极－基极反向饱和电流，见图 2－7a。一般 I_{CBO}很小，与温度有关。

（2）$I_B = 0$ 时，$I_C = I_E = I_{CEO}$。

I_{CEO}称为集电极－发射极反向电流，又叫穿透电流，见图 2－7b。

I_{CEO}越小，晶体管温度稳定性越好。硅管的温度稳定性比锗管好。

三、晶体管的输入和输出特性

1. 共发射极输入特性曲线

输入特性曲线：集射极之间的电压 U_{CE}一定时，发射结电压 U_{BE}与基极电流 I_B 之间的关系曲线，如图 2－8 所示。由图可见：

（1）当 $U_{CE} \geqslant 2V$ 时，特性曲线基本重合。

（2）当 U_{BE}很小时，I_B 等于零，晶体管处于截止状态。

（3）当 U_{BE}大于门槛电压（硅管约 0.5V，锗管约 0.2V）时，I_B 逐渐增大，晶体管开始导通。

（4）晶体管导通后，U_{BE}基本不变。硅管约为 0.7V，锗管约为 0.3V，称为晶体管的导通电压。

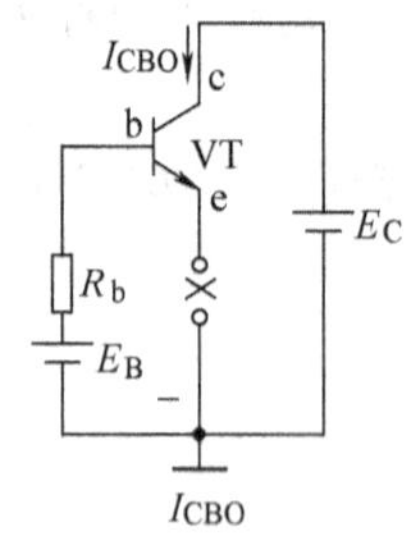

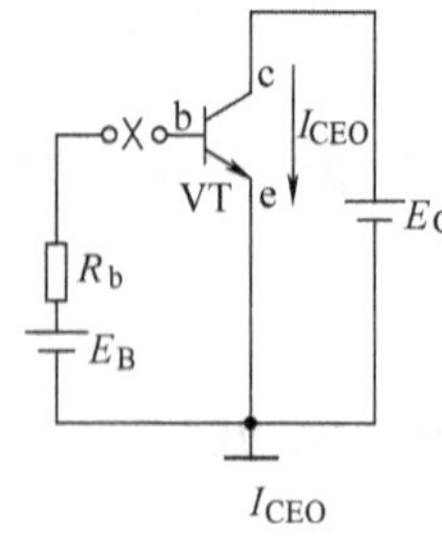

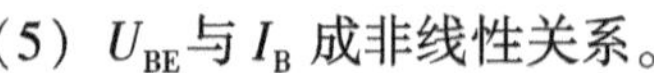
图 2－7　I_{CBO}和 I_{CEO}示意图

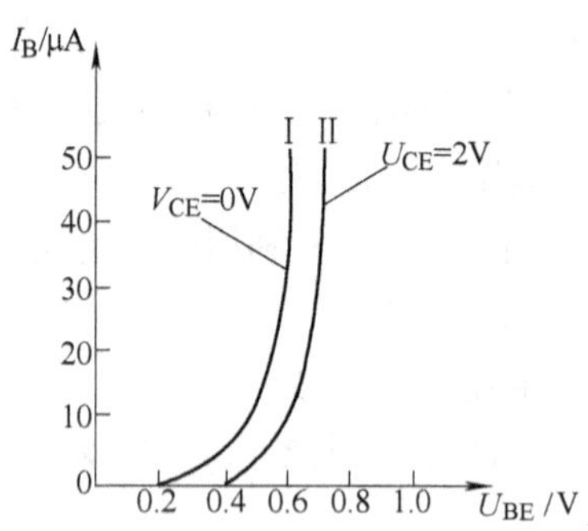

图 2－8　共发射极输入特性曲线

（5）U_{BE}与 I_B 成非线性关系。

2. 晶体管的输出特性曲线

输出特性曲线：基极电流 I_B 一定时，集射极之间的电压 U_{CE}与集电极电流 I_C 的关系曲线，如图 2－9 所示。

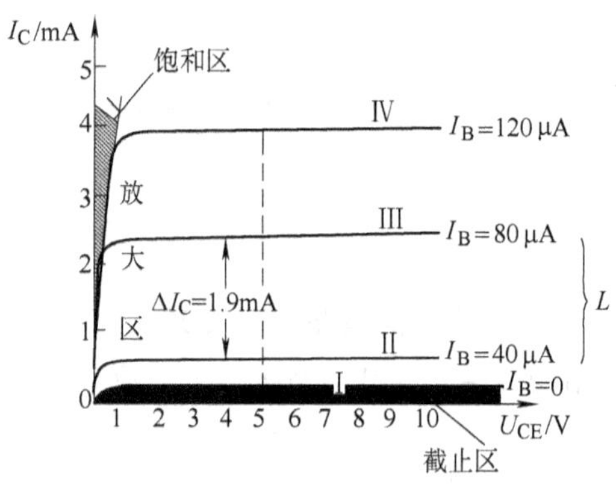

图 2－9　晶体管的输出特性曲线

由图可见：输出特性曲线可分为三个工作区。

（1）截止区

1）条件：发射结反偏或两端电压为零。

2）特点：$I_B=0$，$I_C=I_{CEO}$。

（2）饱和区

1）条件：发射结和集电结均为正偏。

2）特点：$U_{CE}=U_{CES}$。U_{CES}称为饱和管压降，小功率硅管约 0.3V，锗管约为 0.1V。

（3）放大区

1）条件：发射结正偏，集电结反偏。

2）特点：I_C 受 I_B 控制，即 $\Delta I_C=\beta\Delta I_B$。在放大状态，当 I_B 一定时，I_C 不随 U_{CE}变化，即放大状态的晶体管具有恒流特性。

四、晶体管主要参数

晶体管的参数是表征管子的性能和适用范围的参考数据。

1. 共发射极电流放大系数

（1）直流放大系数$\bar{\beta}$。

（2）交流放大系数β。

电流放大系数一般在 10～100 之间。太小，放大能力弱；太大，易使管子性能不稳定。一般取 30～80 为宜。

2. 极间反向饱和电流

（1）集电极－基极反向饱和电流 I_{CBO}。

（2）集电极－发射极反向饱和电流 I_{CEO}。

$$I_{CEO}=(1+\beta)I_{CBO}$$

反向饱和电流随温度增加而增加，是管子工作状态不稳定的主要因素。因此，常把它作为判断管子性能的重要依据。硅管反向饱和电流远小于锗管，在温度变化范围大的工作环境应选用硅管。

3. 极限参数

（1）集电极最大允许电流 I_{CM}：晶体管工作时，若集电极电流超过 I_{CM}，则管子性能将显著下降，并有可能烧坏管子。

（2）集电极最大允许耗散功率 P_{CM}：当管子集电结两端电压与通过电流的乘积超过 P_{CM} 时，管子性能变坏或烧毁。

（3）集电极－发射极间反向击穿电压 $U_{(BR)CEO}$：它是管子基极开路时，集电极和发射极之间的最大允许电压。当电压越过此值时，管子将发生电压击穿，若电击穿导致热击穿会损坏管子。

五、电压放大原理

1. 电路形式

如图 2－10 所示为晶体管共发射极基本放大电路，放大电路中，输入交流信号 u_i 通过电容 C_1 的耦合送到晶体管的基极和发射极。电源 U_{CC} 通过偏置电阻 R_b 提供 U_{BEQ}，基－射极间电压为交流信号 u_i 与直流电压 U_{BEQ} 的叠加，基极电流 i_B 产生相应的变化。画电路图时，往往省略电源的图形符号，而用其电位的极性及数值来表示，图中 $+U_{CC}$ 表示该点接电池或直流电源的正极，而电源的负极就接在电位为零的公共端“⊥”上。

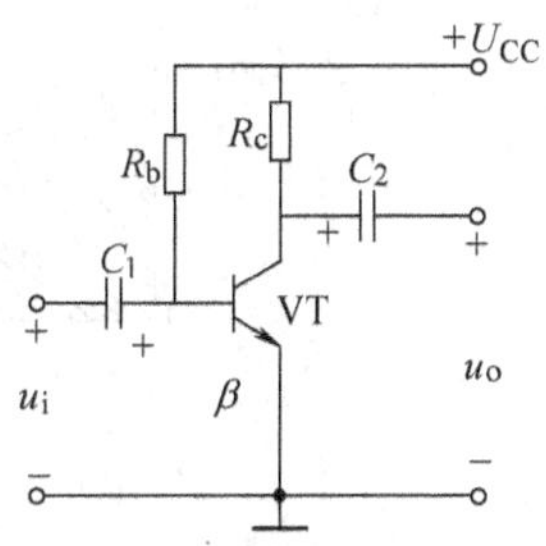

图 2－10　共发射极基本放大电路

2. 元件作用

（1）VT：晶体管，起信号放大作用。

（2）$+U_{CC}$：直流供电电源，为电路提供工作电压和电流。

（3）R_b：基极偏置电阻，电源电压通过 R_b 向基极提供合适的偏置电流 I_B。

（4）C_1：输入耦合电容，耦合输出交流信号 u_i，并起隔离直流电的作用。

（5）C_2：输出耦合电容，耦合输入交流信号 u_o，并起隔离直流的作用。

（6）R_c：集电极负载电阻，电源 U_{CC} 通过 R_C 为集电极供电，另一个作用是将放大的电流 i_C 转换为放大的电压输出。

3. 电路原理

如图 2－11 所示，i_B 电流经放大后获得对应的集电极电流，i_C 电流大时，负载电阻 R_C 的压降也相应大，使集电极对地的电位降低，反之 i_C 电流变小时，集电极对地的电位升高。因此集－射极间的电压 U_{CE} 波形与 i_C 变化情况相反。集电极的信号经过耦合电容 C_2 后隔离了直流成分 U_{CEQ}，输出的只是放大信号的交流成分，如图 2－11 所示。综上分析可知，在共发射极放大电路中，输出电压 u_o 与输入信号电压 u_i 频率相同，相位相反，幅度得到放大。

六、分压偏置基本交流电压放大电路

图 2－12 所示为晶体管分压偏置放大电路，与前面的固定偏置电路相比较，多用了三个

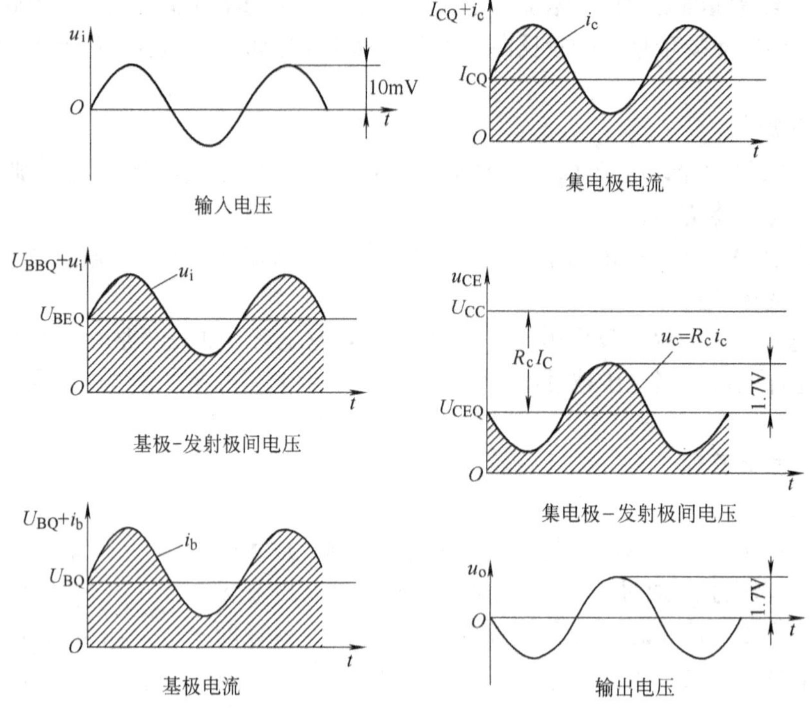

图 2－11　共发射极基本放大电路中各点波形

元件。上偏置电阻 R_{b1} 和下偏置电阻 R_{b2} 构成一个分压电路，以固定晶体管基极的电位 U_B，再利用发射极回路中的电阻 R_e（即 R_{b1} 和 R_{b2} 之和）获得反映集电极电流变化的电压 U_E，使之与 U_B 相比较得它们的差值来控制 I_B 以维持 I_C 的基本稳定。C_e 则称作发射极旁路电容，它的存在使得在考虑交流信号时不必考虑 R_e 的影响。

七、射极输出器

射极输出器也称共集电极放大电路如图 2－13 所示，从图中可以看到，它与前面介绍的电路不同，它的输出端是从发射极引出的，故称为射极输出器。共集电极放大电路的特点是：输入电阻大、输出电阻小，因此在电路中常常起阻抗变换作用；共集电极放大电路具有电流放大作用，带负载能力强，因此又常作为多级放大电路的输出级；共集电极放大电路的电压放大倍数小于 1，而又十分接近 1，并且输出电压与输入电压同相。

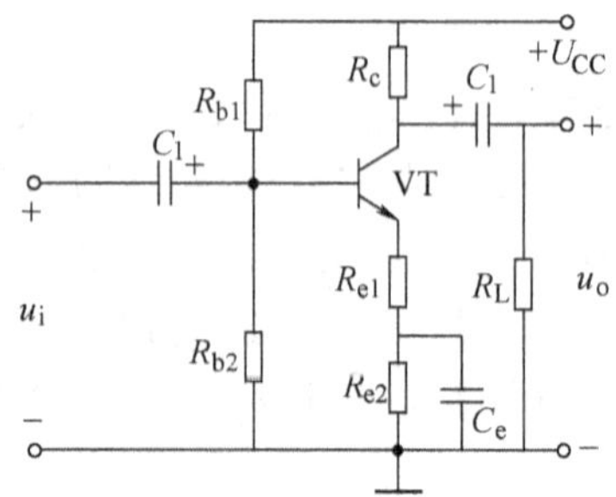

图 2－12　晶体管分压偏置放大电路

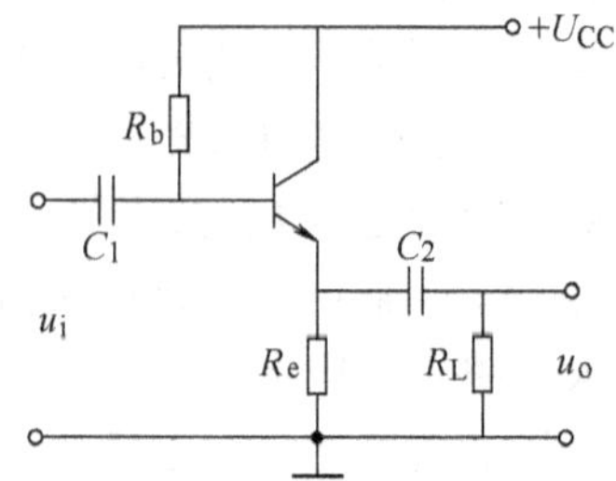

图 2－13　射极输出器

第三节　晶体管的开关特性

晶体管具有三种工作状态：放大状态、饱和状态和截止状态。在放大电路中，晶体管主要工作在放大状态，因此，偏置电路及其参数的设置要令电路的工作点处于合适的位置；而在脉冲电路中，晶体管主要工作在饱和状态和截止状态，并且经常在这两种状态之间快速转换，只有在转换时才以极短的时间迅速通过放大区，我们通常称晶体管的这种工作状态为“开关状态”。如图2-14所示，当输入电压低于晶体管死区电压或反向偏置时，管子集电极-发射极之间基本上无电流流通，相当于断开的开关。输入电压增大，晶体管进入放大状态，当输入电压足够大时，管子进入饱和状态，相当于接通的开关。

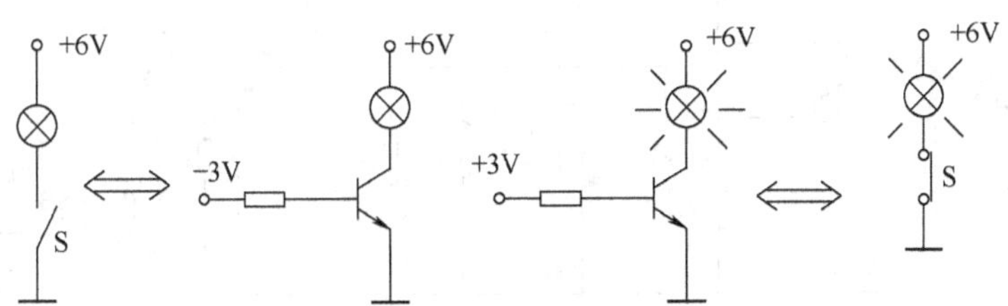

图2-14　晶体管的开关特性

第四节　晶体管应用举例

一、汽车晶体管调节器电路

图2-15所示电路可用来取代汽车上传统的电磁振动式电压调节器（节压器），它几乎可在任何一种负极搭铁的电路中与其发电机配合使用。当充电路输出电压小于13V时，稳压管VD_1和晶体管VT_1截止，VT_1集电极电位升高使VT_2导通，于是将全压加于发电机励磁绕组，使其输出电压逐渐升高，与此同时，发电机也向蓄电池进行定电压充电。当发电机输出电压达到13.6V时，VD_1和VT_1导通，VT_1集电极电位降低使VT_2截止，发电机励磁电流减小，输出电压下降，以实现将其电压限制在13～13.6V的范围之内，达到调压目的。

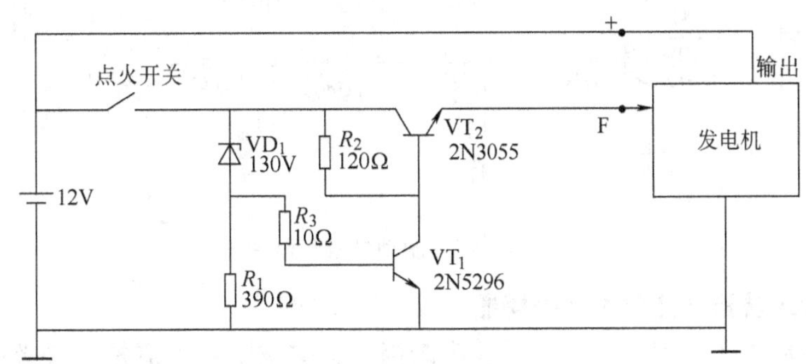

图2-15　汽车晶体管调节器电路

二、汽车光电式电子点火控制器

图 2－16 所示是汽车光电式电子点火控制器电路。发动机工作时，遮光盘随分电器转动，当遮光盘缺口通过光源时，红外光照射到光敏晶体管 VT_2 上，使其产生基极电流而导通，三极管 VT_3 也随之导通，VT_3 导通后，通过 R_4 给 VT_4 提供基极电流使 VT_4 导通，VT_5 基极电位接近零而截止，此时 VT_6 通过 R_6 和 R_7 的分压获得基极电流而导通，于是接通了点火线圈初级电路，点火线圈铁芯中产生磁场；当遮光盘挡住光线时，VT_2、VT_3、VT_4 截止，VT_5 导通，VT_6 截止，迅速将点火线圈初级绕组切断，磁场迅速消失，点火线圈次级绕组产生高压电。

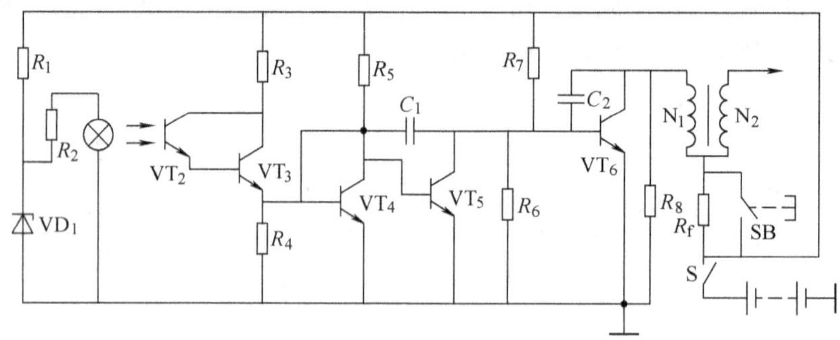

图 2－16　汽车光电式电子点火控制器电路

三、汽车制动灯故障监视器

汽车制动灯状况的好坏，直接影响到尾随车辆的安全。为了减少交通事故，保证行车安全，制动灯故障监视器可以给人及时提醒。图 2－17 所示是汽车制动灯故障监视器，电路原理如下：常态情况下，制动灯开关是断开的。由于制动灯内阻很小，晶体管 VT_1 和 VT_2 的基极电位偏低，晶体管 VT_1 和 VT_2 截止，指示灯不亮。若此时指示灯发亮，表明制动灯及其电路有故障。汽车制动时，制动灯开关接通，晶体管 VT_1 和 VT_2 的基极电位升高，晶体管 VT_1 和 VT_2 导通。指示灯亮，表示正常；如果制动时指示灯不亮，则说明制动开关损坏或电路有搭铁等故障。

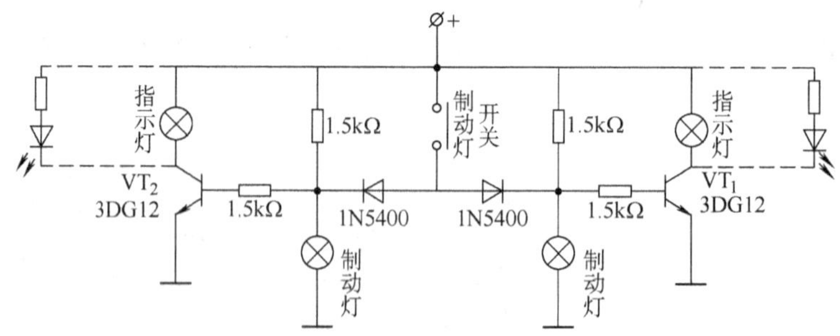

图 2－17　汽车制动灯故障监视器

四、风窗玻璃洗涤液液位过低报警器

汽车风窗玻璃由于被泥土、灰尘或雪花遮挡，朦朦胧胧看不清楚，势必造成能见度低，影响汽车的安全行驶。图 2－18 所示是汽车风窗玻璃洗涤液液位过低报警器电路。该报警器电路是靠装在储水器内的两根控针导电时的微小电流使 VT_1 复合管导通，使其集电极电位下降，报警指示灯失电不亮，表示洗涤液液位正常。如果液位过低，两根控针无微小电流使 VT_1 复合管截止，其集电极电位升高，报警指示灯得电而亮，表示洗涤液液位不正常。

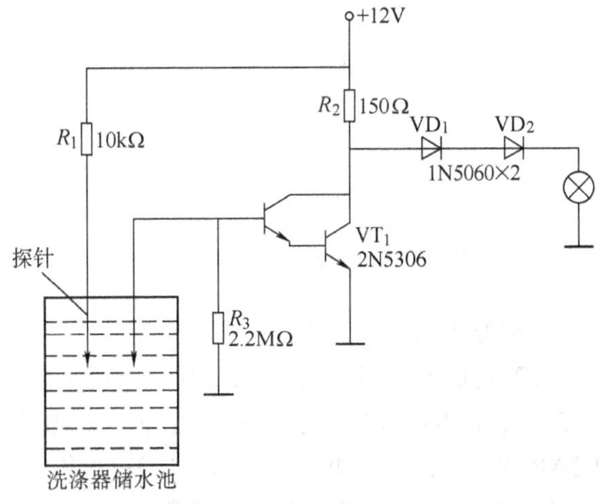

图 2－18　汽车挡风玻璃洗涤液液位过低报警器电路

五、汽车光电式车速传感器

图 2－19a 所示是汽车光电式车速传感器外形，图 2－19b 是车速传感器光电转换电路。当遮光板不能遮断光束时，光敏晶体管受到发光二极管的照射，光敏晶体管因光照而导通，晶体管 VT 的基极电位升高，晶体管处于导通状态；当遮光板遮断光束时，光敏晶体管截止，晶体管 VT 的基极电位为零，晶体管截止，从而 Si 端子输出幅值约 5V 的矩形脉冲信号。

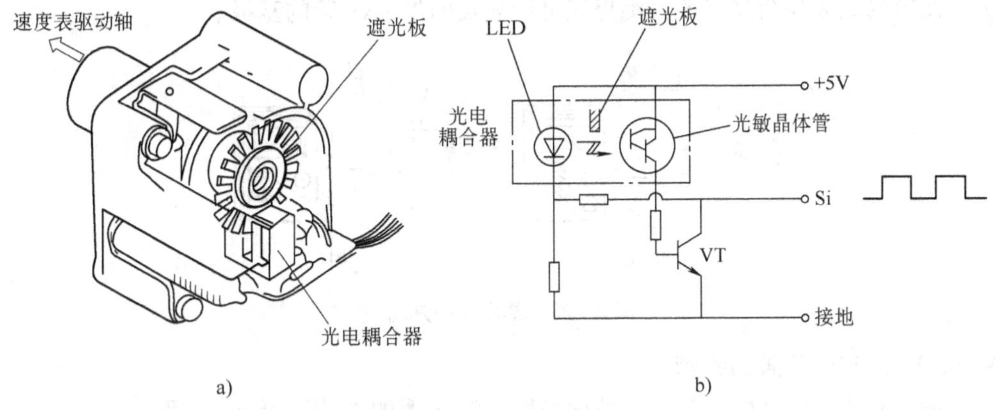

图 2－19　汽车光电式车速传感器外形及其光电转换电路

技能训练三：晶体管的测试

1. 硅管或锗管的判别

判别电路如图 2－20 所示。当 U=0.6～0.7V 时，为硅管；当 U=0.1～0.3V 时，为锗管。

2. 估计比较 β 的大小

NPN 管估测电路如图 2－21 所示。万用表设置在 $R\times1k$ 档，测量并比较开关 S 断开和接通时的电阻值。前后两个读数相差越大，说明管子的 β 越高，即电流放大能力越大。估测 PNP 管时，将万用表两只表笔对换位置。

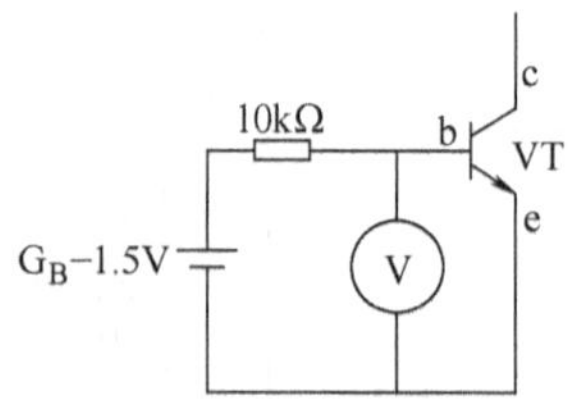

图 2-20　判别硅管或锗管的测试电路

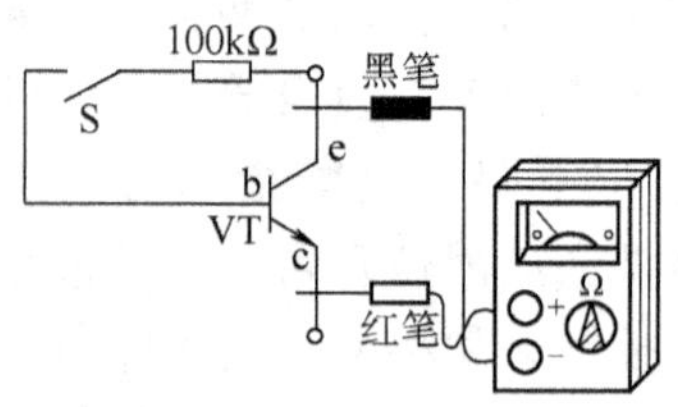

图 2-21　估测 β 的电路

3. 估测 I_{CEO}

NPN 管估测电路如图 2-22 所示。所测阻值越大，说明管子的 I_{CEO}越小。若阻值无穷大，三极管正常；若阻值为零，三极管短路。测 PNP 型管时，红、黑表笔对调，方法同前。

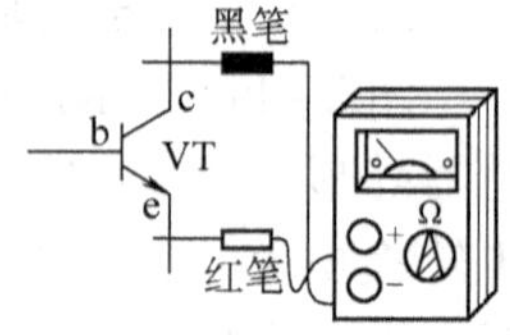

图 2-22　I_{CEO}的估测

4. NPN 管型和 PNP 管型的判断

如图 2-23a 所示，将万用表设置在 $R\times1$k 或 $R\times100$ 档，用黑表笔和任一管脚相接（假设它是基极 b，红表笔分别和另外两个管脚相接，如果测得两个阻值都很小，则黑表笔所连接的就是基极，而且是 NPN 型的管子。如图 2-23b 所示，如果按上述方法测得的结果均为高阻值，则黑表笔所连接的是 PNP 管的基极。

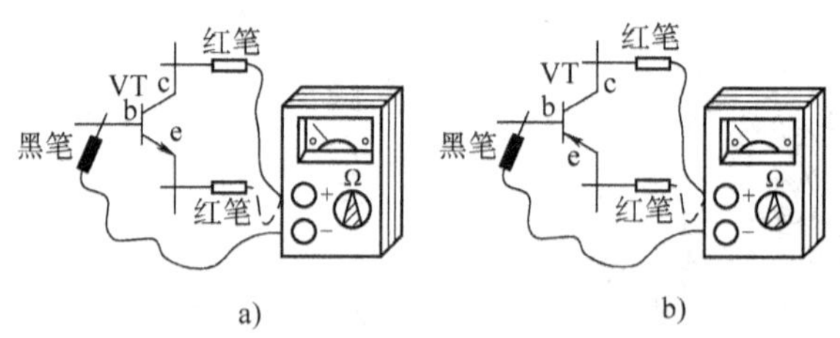

图 2-23　基极 b 的判断

5. e、b、c 三个管脚的判断

首先确定晶体管的基极和管型，然后采用估测 β 值的方法判断 c、e 极。如图 2-21 所示，（以 NPN 型管 9014 为例），先假定一个待定电极为集电极（另一个假定为发射极）接入电路，记下欧姆表的摆动幅度，然后再把两个待定电极对调一下接入电路，并记下欧姆表的摆动幅度。摆动幅度大的一次，黑表笔所连接的管脚是集电极 c，红表笔所连接的管脚为发射极 e。测 PNP 管时，只要把图 2-21 电路中红、黑表笔对调位置，仍照上述方法测试。

本 章 小 结

1. 能把微弱的电信号（电压、电流等）转换为所需数值电信号的电路称为放大电路，简称放大器。晶体管由两个 PN 结构成，有 NPN 型和 PNP 型两种基本类型。它们的工作原理基本相同，但各极间所接电源的极性恰好相反，因此流过各极的电流和极间电压的方向也相反。

2. 晶体管是由两个 PN 结构成的半导体器件，在发射结正偏、集电结反偏的条件下，具有电流放大作用；在发射结与集电结均正偏时，处于饱和状态，相当于开关的闭合；在发射结与集电结均反偏时，处于截止状，相当于开关的断开。在实际电路中，晶体管的放大功能和开关功能得到广泛应用。基本放大电路的组成原则是：使发射结正向偏置，集电结反向偏置。为保证基本放大电路正常放大输入信号，必须合理地设置静态工作点。

3. 晶体管的输入特性类似二极管，输出特性曲线分为截止区、放大区、饱和区。晶体管的特性受温度的影响较大。放大体现了信号对能量的控制作用，放大电路输出信号的能量是由电源提供的。

4. 晶体管的工作状态有三种：截止、放大和饱和。

（1）截止状态

1）条件：发射结和集电结都接反向偏置。

2）特点：$I_B \approx 0$，$I_C \approx 0$，$U_{CE} \approx E$。

（2）放大状态

1）条件：发射结接正向偏置，集电结接反向偏置。

2）特点：$\Delta I_C \approx \beta \Delta I_B$

（3）饱和状态

1）条件：发射结和集电结都接正向偏置。

2）特点：$I_C \approx E_C / R_C$；I_C 不再随 I_B 的增加而增加。

β 值表示电流放大能力的大小；I_{CBO}、I_{CEO} 反映了管子温度稳定性。

5. 晶体管是一种电流控制器件，即通过基极电流去控制集电极电流。晶体管的放大作用，实质上是一种电流控制作用。晶体管的输入、输出特性曲线都是非线性的，因此不能随便应用欧姆定律来进行计算。

6. 要保证晶体管放大电路能正常工作，既要有合适的静态工作点，又要使变化的信号能输入、放大、输出且基本不失真。除基本交流放大电路外，常见的还有分压偏置电路和射极输出器。

思考题与习题

1. 晶体管的主要特性是什么？放大的实质是什么？

2. 晶体管三个电极的电流哪个最大？哪个最小？哪两个相接近？

3. 某晶体管①脚流出电流为 3mA，②脚流进电流是 2.95mA，③脚流进电流为 0.05A，判断各管脚名称，并指出管型。

4. 测得工作在放大电路中的 PNP 型晶体管两个电极的电流如图 2－24 所示。

（1）求另一个电极的电流并在图中标出实际方向。

（2）在图中标出 e、b、c 极。

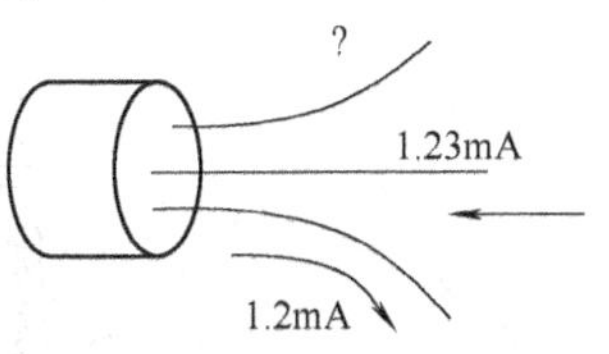

图 2－24

(3) 估算β值。

5. 测得工作在放大电路中的 NPN 型晶体管三个电极的电压分别为：$U_1=3.5\text{V}$、$U_2=2.8\text{V}$、$U_3=15\text{V}$。

(1) 判断该晶体管是硅管，还是锗管？

(2) 确定该晶体管的 e、b、c 极。

6. 如何用万用表判别晶体管的管脚和管型？又如何判断是硅管和锗管？

7. 测得某电路中几个晶体管的各极电位如图 2-25 所示，试判断各管工作在什么状态？

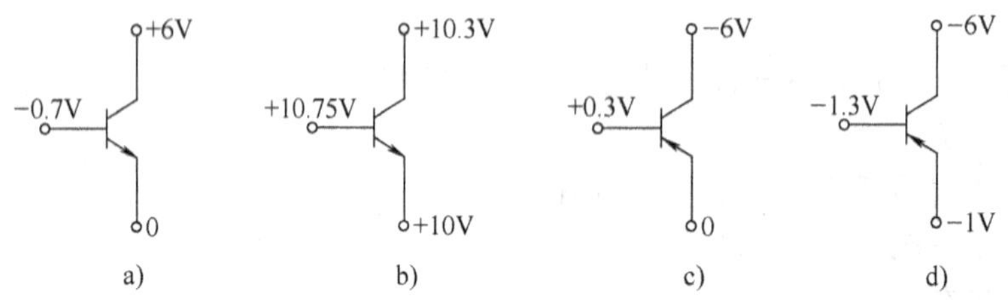

图 2-25

8. 为什么在交流电压放大电路中必须设置合适的静态工作点？否则输出电压信号将会出现什么现象？

9. 放大器的基本功能是什么？放大的实质是什么？对放大器有哪些基本要求？

10. 晶体管在放大电路中的作用是什么？它的直流静态工作点对放大有什么影响？

11. 试判断图 2-26 所示的电路能否放大交流电压信号？若不能，请加以改正。

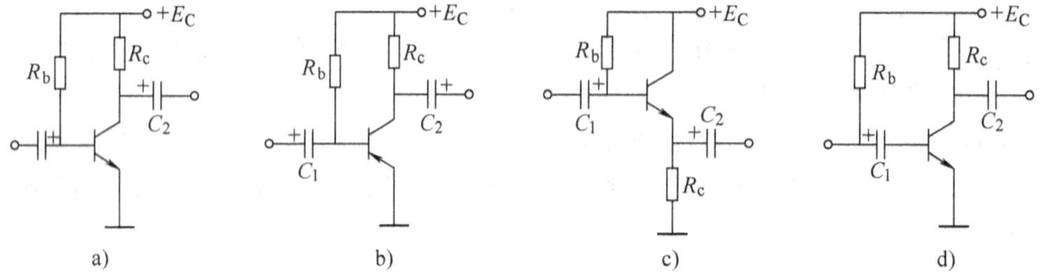

图 2-26

12. 射极输出器输出电压小于输入电压，是不是没有放大作用？在电子线路中主要应用它的什么特性？

13. 图 2-27 所示是汽车用国产 JKF667 型电子点火控制器电路，试分析电路的工作原理。

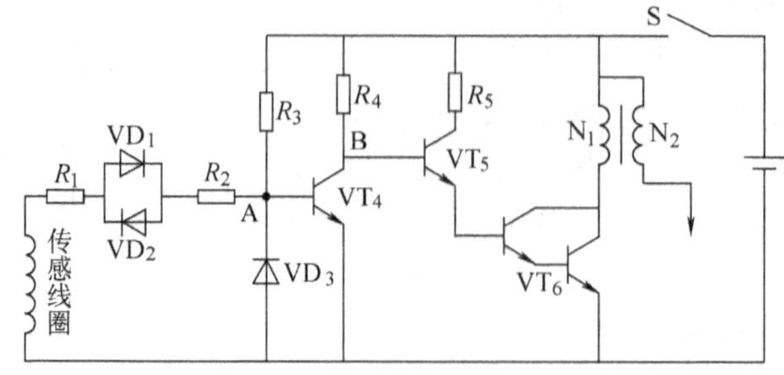

图 2-27

14. 分析图 2－17 所示汽车制动灯故障监视器电路的工作原理。
15. 分析图 2－18 汽车挡风玻璃洗涤液液位过低报警器电路的工作原理。
16. 分析图 2－19 汽车光电式车速传感器的工作原理。

第三章　集成运算放大器

学习要点

1. 了解集成运放电路的结构、特点和主要参数。
2. 掌握集成运算放大器的理想特性。
3. 掌握集成运算放大器的基本运算电路和工作原理。

教学难点

1. 利用理想化特性分析运算放大器。
2. 掌握集成运算放大器的应用知识。

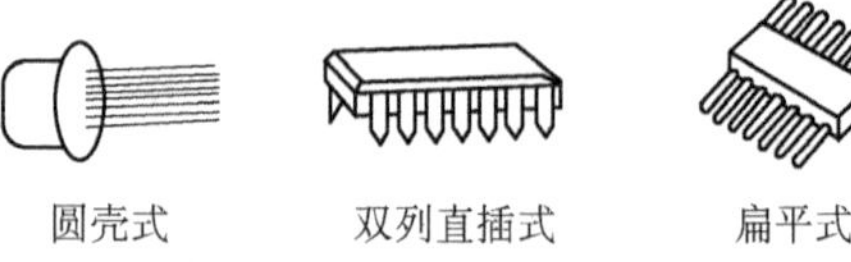

图 3-1　集成运算放大器的外形

在检测系统中，经常遇到一些缓慢变化的非周期性信号与单向缓慢变化的直流信号。对于这些信号的放大，前面介绍的放大器均无能为力。随着半导体集成电路的高速发展，图 3-1 所示的用集成工艺制成的放大器可以在大多数场合下满足实际工作的要求。这就是通用放大器——集成运算放大器，简称运放。运算放大器首先应用于电子模拟计算机上，作为基本运算单元电路，可以完成加减、微积分、乘除等运算，所以称为运算放大器。今天仍沿用此名，但由于它能将电信号进行各种组合和实现各种不同功能的运算处理，加上集成化技术的提高，它的性能更加理想，功能也大大提高。现在的集成运算放大器已经像晶体管、三端稳压器一样作为一个基本元件使用。

第一节　集成运算放大器简介

一、运算放大器的基本电路构成

集成运算放大器是由多级放大电路组成。运算放大器的基本放大电路由四部分组成（见图 3-2）：输入极、中间极、输出极和偏置电路。输入极：是决定集成运算放大器性能关键的一级，要求它的零点漂移少，输入电阻高，所以都采用差分放大电路。中间极：是将输入极输出的信号电压加以放大，一般是由共发射极放大电路构成。输出极直接与负载相连，带负载能力强。一般由互补对称电路射极输出器组成。偏置电路的作用是为上述三个级电路提供稳定和合适的偏置电流，确定各极的静态工作点。

二、运算放大器的符号和引脚

为便于分析和计算，图 3-3a 是国家新标准（GB 4728·13—1985）规定的运算放大器符号；图 3-3b 是曾用过的运算放大器的符号。画电路时，通常只画出输入和输出端，输入端标“+”号表示同相输入端，标“-”号表示反相输入端。

CF741 集成运算放大器外形如图 3-4 所示，图 3-4a 是金属圆形封装，图 3-4b 是塑料双列直插式封装。这种运算放大器通过 7 个管脚与外电路相接。

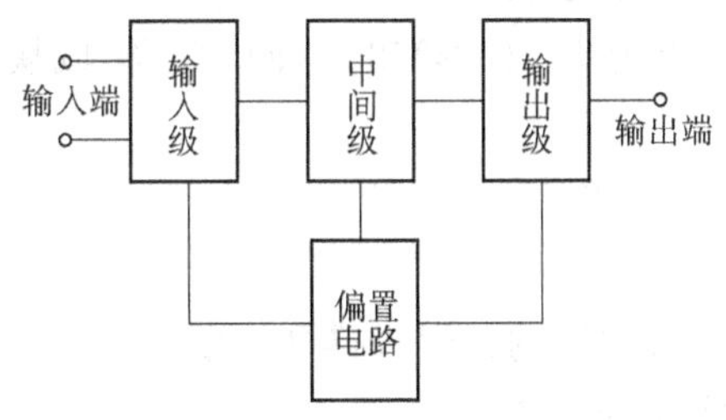

图 3－2　集成运算放大器组成框图

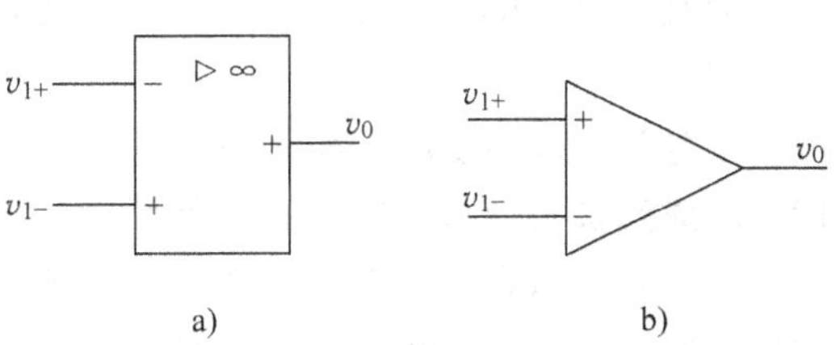

图 3－3　集成运算放大器的符号

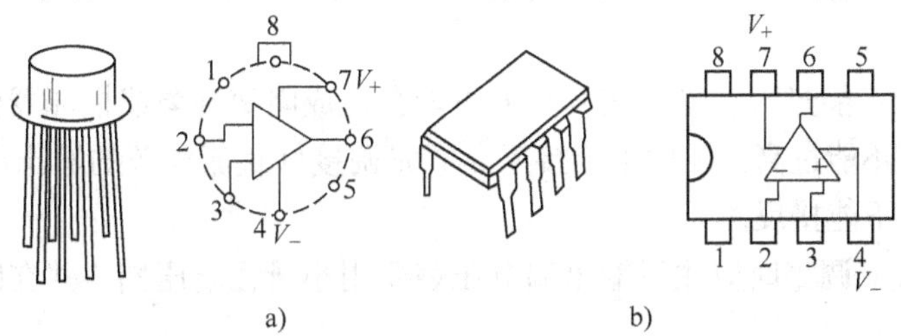

图 3－4　集成运算放大器外形及引脚排列

2 为反相输入端，由此端接输入信号，则输出信号与输入信号是反相的；

3 为同相输入端，由此端接输入信号，则输出信号与输入信号是同相的；

4 为负电源端，接－10V 稳压电源；

7 为正电源端，接＋10V 稳压电源；

6 为输出端；

1 和 5 外接调零电位器（通常为 10kΩ）的两个端子；

8 为空脚。

三、集成运算放大器的分类

集成运算放大器的种类很多，发展也很快，根据其用途可分为通用型运放和专用型运放。

通用型运放包括 CF741、F747、LM324 等，价格便宜，使用方便，可用于一般的模拟信号放大器和反馈放大器、信号产生电路和有源滤波电路等。

专用型运放种类很多，根据各种需要而设计，大致有：

（1）低功耗集成运放：如 F253、CF012、CF013。它的静态功耗低，能在低的电源电压下工作，克服了通用型运放由于电源电压而引起的电气性能变差的缺点，能够满足某些特殊的应用，如使用于对能源有严格限制的遥感、遥测、生物等应用场合。

（2）高精度集成运放：噪声非常低，放大倍数非常高，如 OP07、F032、F714 等。在毫伏级或更低的微信号精密检测、精密模拟计算、自动控制仪表、温度转换器、高精度集成稳压器等设备中应用。

（3）高输入阻抗集成运放：其输入阻抗可达成 10^{12} 数量级。它主要用于采样保持电路、模拟调节器、测量放大器、优质的对数放大器、阶梯波发生器等。

（4）高速集成运放（如 LM318），可用于 A/D 与 D/A 转换、有源滤波、模拟乘法器等。

另外还有高压集成运放，可以解决高输出电压或高输出功率的要求。

按封装类型可分单运放集成块（741 系列）、双运放集成块（LM358）、四运放集成块（LM324）等。

按功率分类，有微功耗型和大功率型等。

四、集成运算放大器使用时的注意事项

（1）使用前应认真查阅有关手册，了解所用集成运算放大器的各引脚排列位置，外接电路。特别要注意正、负电源端，输出端，同相、反相输入端的位置。

（2）集成运算放大器接线要正确可靠。其输出端要避免与地、正电源、负电源短接，以免器件损坏。另外，输出端所接负载不易过小，否则有可能损坏器件或使输出电压波形变差。

（3）输入信号不能过大，输入信号过大可能会造成阻塞现象或损坏器件。

（4）电源电压不能过高，极性不能接反。应先调接好直流电源的输出电压，然后接入电路并注意极性，绝不能接反。

（5）集成运放。调零时应注意输出端电压表要用小量程电压档，并在闭环条件下进行。

第二节　集成运算放大器的分析和典型运用

一、集成运算放大器的分析

集成运算放大器级数较多，电压放大倍数很大，一般为几万倍到几百万倍；输入极一般为恒流源差动电路，为减少电源功耗及提高性能，一般基极偏置电流设置得很小，所以它的输入电阻很大，为几十千欧以上；输出极一般由射极输出器组成，输出电阻很低，为几十欧到百余欧。

从上述集成运算放大器三个参数，可以得出两条重要规律：

（1）由于电压放大倍数很大，所以输入电压很小就够了，可以认为集成运算放大器两个输入端子之间的电压接近等于零；

（2）由于输入电压接近等于零，而输入电阻很大，所以集成运算放大器两个输入端子之间的电流也接近等于零。

运用这两条重要规律，分析集成运算放大器组成的电路就方便多了。

二、集成运算放大器的典型运用

1. 反相比例运算电路

反相比例运算电路如图 3－5 所示，图中，R_1 为外接输入电阻，R_f 是反馈电阻，R_2 是外接平衡电阻，它的作用是使两个输入端的直流通路保持对称。

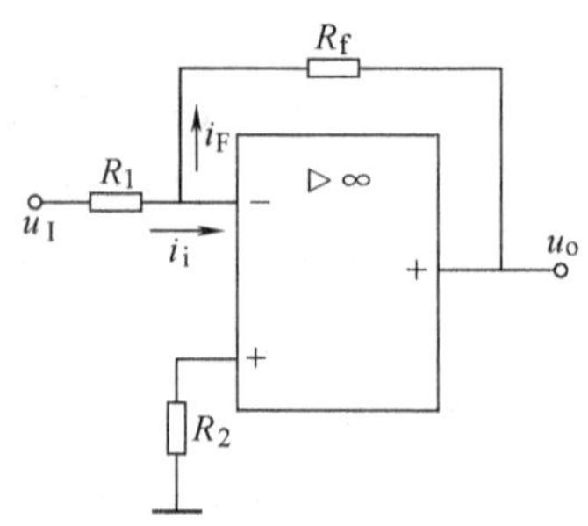

图 3－5　反相比例运算电路

根据运算放大器工作的两条重要规律，流入放大器的电流趋近于零，即 $i_+ \approx I_- \approx 0$

反向输入与同相输入端的电位近似相等。

$$u_+ \approx u_-$$

$$i_1 = i_f + i_- \approx i_f$$

$$\frac{u_i - u_-}{R_1} = \frac{u_- - u_o}{R_F}$$

整理得引入反馈的放大倍数 A_{uf} 为：

$$A_{uf} = \frac{u_o}{u_i} = -\frac{R_F}{R_1}$$

式中负号表明输出电压与输入电压相位相反。它们的关系是比例线性放大的关系，只要 R_1 和 R_f 的阻值足够精确，就能保证比例运算的精度和工作稳定性。与晶体管构成的电压放大电路相比较，显然用运算放大器设计电压放大电路更方便，性能也更好。

当取 $R_1 = R_F$，可得 $u_o = -u_i$ 称为反相器。

[例 3-1]　在图 3-5 中，设 $R_1 = 10k\Omega$，$R_f = 50k\Omega$，求 A_{uf}，若 $u_i = 0.2V$，求 u_o。

解：

$$A_{uf} = \frac{u_o}{u_i} = -\frac{R_F}{R_1} = -\frac{50}{10} = -5$$

$$u_o = A_{uf} u_i = -5 \times 0.2 = -1V$$

2. 同相比例运算电路

如图 3-6 所示，输入信号 u_i，通过外接电阻 R_2 输入到同相输入端，而反向输入端经电阻 R_1 接地。反馈电阻 R_f 跨越在输出端和同相输入端之间，根据运算放大器工作在线性区时的两条分析依据：

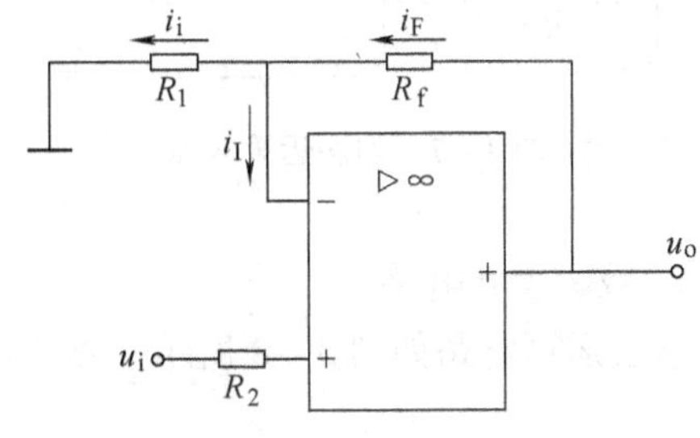

图 3-6　同相比例运算电路

反相输入端与同相输入端电压相等，即

$$u_- = u_+ = u_i$$

流入放大器的电流趋近于零，即

$i_+ \approx i_- \approx 0$ 得

$i_1 = i_f + i_- \approx i_f$ 由图可知

$$\frac{0 - u_-}{R_1} = -\frac{u_- - u_o}{R_F} \text{即} \frac{-u_-}{R_1} = -\frac{u_- - u_o}{R_F} \text{得} A_{uf} = \frac{u_o}{u_i} = 1 + \frac{R_F}{R_1}$$

可见，u_o 和 u_i 间的比例关系与运算放大器本身无关，只取决于电阻，其精度和稳定性非常高。注意 A_{uf} 为正值，这表示 u_o 与 u_i 同相，且 A_{uf} 总是大于或等于 1，即只能放大信号，这是其与反相比例运算电路不同之处。

当 $R_1 = \infty$（断开）或 $R_f = 0$ 时，则 A_{uf} 即有输出电压与输入电压始终相同，这称为电压跟随器。我们在讨论射极输出器时提过，电压跟随器放在输入级可减轻信号源的负担，放在两极电路的中间，可以起到隔离电路的作用。

3. 加法运算电路

如图 3-7 所示，则构成反相加法运算电路。按结点电流定律

$$i_f = i_{11} + i_{12} + i_{13}$$

根据运算放大器工作的两条重要规律

$$u_+ \approx u_-$$

$$i_+ \approx i_- \approx 0$$

得到

$$u_o = -\left(\frac{R_F}{R_1}i_{i1} + \frac{R_F}{R_2}u_2 + \frac{R_F}{R_3}u_{i3}\right)$$

当 $R_1 = R_2 = R_3 = R_1$ 时，上式为：

$u_o = -\frac{R_F}{R_1}\ (u_{i1} + u_{i2} + u_{i3})$ 当 $R_F = R_1$ 时：

$u_o = -(u_{i1} + u_{i2} + u_{i3})$ 平衡电阻：$R_2 = R_1 /\!/ R_2 /\!/ R_3 /\!/ R_F$

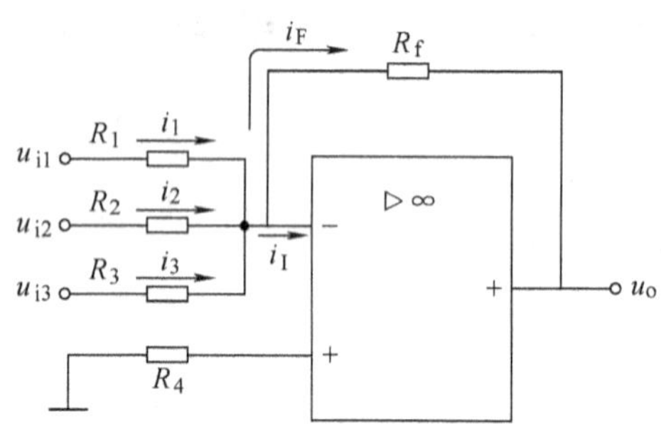

图 3-7　加法运算电路

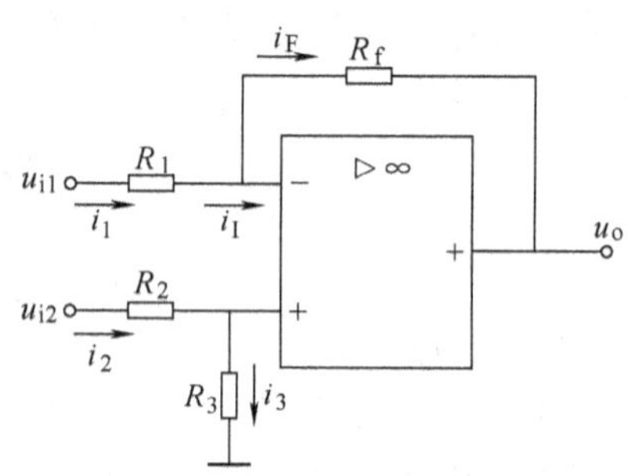

图 3-8　减法运算电路

4. 减法运算电路

减法运算电路如图 3-8 所示。根据图可列出

$$u_+ = \frac{u_{i2}}{R_2 + R_3}R_3$$

因为

$$u_+ \approx u_-$$

故从上列两式中可得出：

$$u_o = \left(1 + \frac{R_F}{R_1}\right)\frac{R_3}{R_2 + R_3}u_{i2} - \frac{R_F}{R_1}u_{i1}$$

当 $R_1 = R_2$ 和 $R_3 = R_F$ 时，则上式为

$$u_o = \frac{R_F}{R_1}\ (u_{i2} - u_{i1})$$

5. 电压比较器

电压比较器的作用是用来比较输入电压和参考电压的，如图 3-9a 所示，U_R 是参考电压，加在同相输入端，输入电压 U_i 加在反相输入端，当 $U_i < U_R$ 时 $U_o = +U_{CC}$，当 $U_i > U_R$ 时，$U_O = -U_{CC}$，$\pm U_{CC}$是正负电源，图 3-9b 是电压比较器的传输特性曲线。

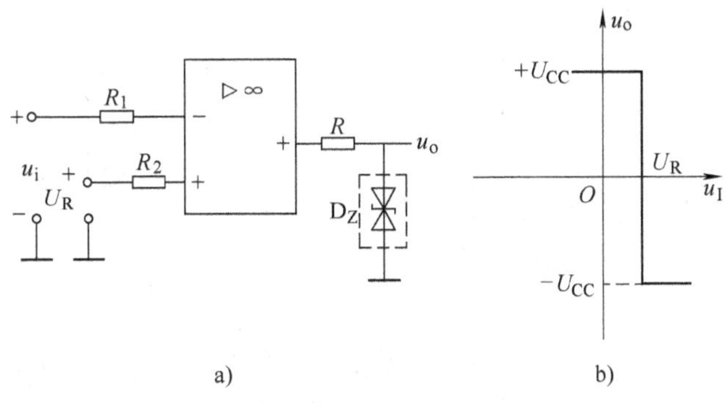

图 3 - 9　电压比较器及其传输特性曲线

第三节　集成运算放大器应用实例

一、蓄电池集成运放监视器

蓄电池集成运放监视器如图 3 - 10 所示，该监视器使用了 741 运算放大器作电压比较器。运算放大器的同相输入端 3 接于稳压管 VD_1 的阴极，其稳定值为 5.1V。调节电阻 R_2 的阻值使运放反相输入端 2 的电压为电源电压的一半。则当 12V 的蓄电池电压高于 10.2V 时，运放输出端为低电平，发光二极管不会发光；如果电压略低于 10.2V 时，运算放大器的反相输入的电压将低于同相输入端，于是其输出端 6 变为高电平，发光二极管将会发光，指示出蓄电池的电压已下降到预定的门限电压，警告使用者此电池不能再用，应送充电间进行补充充电。

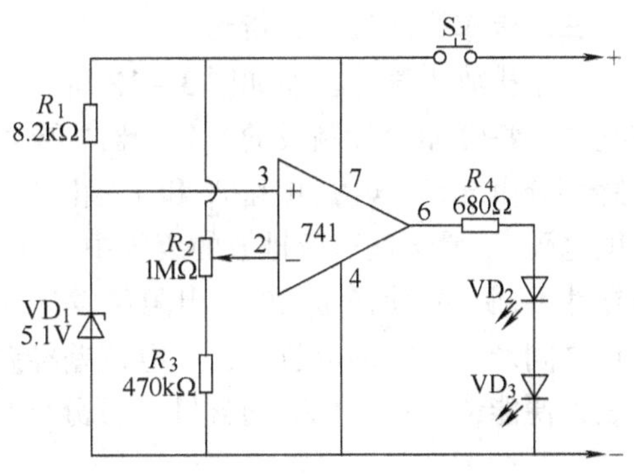

图 3 - 10　蓄电池集成运放监视器电路

二、LM324 集成运放汽车电压表

LM324 是含有四个运放的集成组件。简称四运放集成电路。11 脚 GND 为接地端，4 脚 U_{CC}为电源正极端（6V），每个运放的反相输入端、同相输入端、输出端均有编号。

如图 3 - 11 所示，本电压表用集成运算放大器 LM324 构成，在其内部有 4 个独立的集成运算放大器。这里的运放器是接成电压比较器来使用的。电压表工作时，首先三端可调稳压集成块 LM317 使其电源电压稳定在 4.5V，并由电阻分压，作为 LM324 各运放器的输入基准电压。待测量的电源电压，遇电阻 3kΩ、1kΩ 组成的分压器，通过 1kΩ 的限流电阻输入。待测电压（反相端）与基准端电压（同相端）相比较，使 6 个运放器（比较器）输出高电平或低电平，从而使 6 个发光二极管发亮或熄灭，表示待测量的电源电压的大小。例如当待测量的电源电压升高时，LM324 的 2 脚电位升高，经 IC_{1-1}电压比较器比较，1 脚输出低电平，使相应的发光二极管发亮，表示待测量电压有 15V。

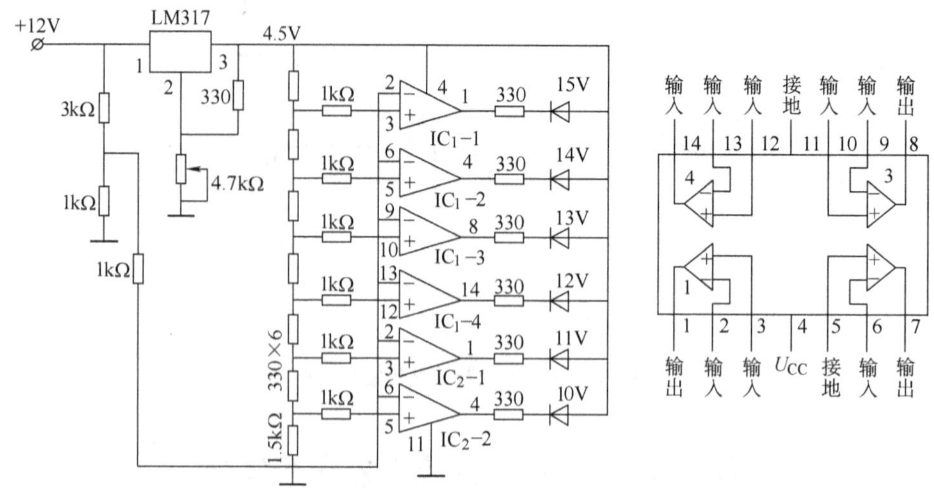

图 3 - 11　集成运放 LM324 汽车电压表

三、汽车排放废气分析器

汽车排放废气分析器如图 3 - 12 所示，该分析器是利用一氧化碳传递热量的速率不同于空气这一特性而设计制成的。分析器主要由集成运算放大器 U_1、U_2 及传感器组件构成，其传感部分由 SR_1、热敏电阻 T_1 和 T_2 组成，它们与电阻 R_3 和 R_4 组成电桥电路。使用时，将热敏电阻 T_1 置于汽车所排放的废气中，而 T_2 则被隔离纯净的空气环境下，由于废气与空气热导性不同，故使得 T_1 和 T_2 电阻值发生变化，这将导致电桥电路的不平衡，于是在 A、C 两点之间产生一定的电位差，此电位差经差分放大器 U_1 放大后，并以足够大的电流驱动电流表，便能读出一氧化碳的含量（百分比）及空气/燃油比。

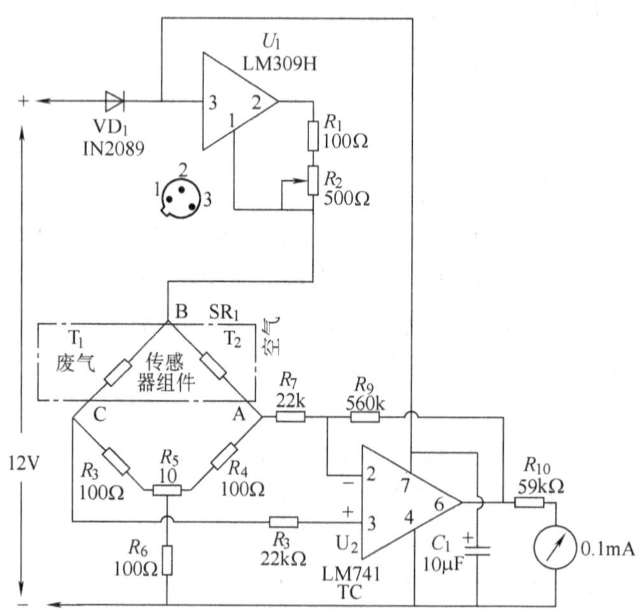

图 3 - 12　汽车排放废气分析器电路

U_1 为电压—电流变换器，其作用是对电桥电路进行恒流供电，以确保传感器组件的测量精度。电阻 R_5 是平衡控制电位器，通过调节，可使用电桥平衡，并可校准仪器，校准时，可将两个热敏电阻暴露在外部空气中进行。

技能训练四：集成运算放大器的测试

1. 训练目标

（1）熟悉集成运放的引脚排列形式和引脚功能。

（2）学会集成运放的使用和调试方法。

（3）为集成运放在模拟运算等方面的应用打下实践基础。

2. 训练器材

（1）双路稳压电源（输出 +15V、-15V）

（2）示波器

（3）万用表（MF-50）

（4）1.5~2.0V 可调直流电源（或用稳压管与电位器组成）二组

（5）电烙铁、镊子、剪线钳等常用工具

（6）集成运放实验电路器件 1 套

3. 训练内容与步骤

（1）安装与调整集成运放电路

1）集成运放 LM741 的引脚排列见图 3-13，引脚功能见表 3-1。按实验图 3-14 搭接好 LM741 集成运放调零电路。

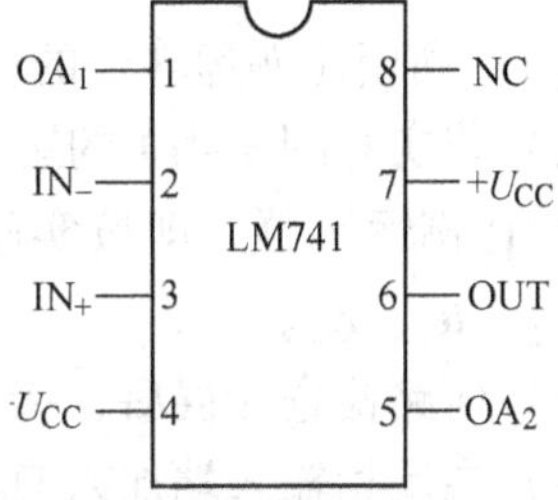

图 3-13　集成运放 LM741 的引脚排列图

表 3-1　集成运放 LM741 的引脚功能

1 脚	2 脚	3 脚	4 脚	5 脚	6 脚	7 脚	8 脚
调零	反相输入	同相输入	负电源	调零	输出	正电源	空脚

2）检查电路无误后，在 LM741 的 4 脚接线 -15V 电源，7 脚接 +15V 电源。

3）将 LM741 的 2、3 两个输入引脚用导线对地短路，用示波器观测 LM741 的输出端 6 脚的电压，通过电位器 RP 调零（即调整 RP 使输出电压 $U_0=0V$）。

4）将 LM741 的 2、3 两个输入引脚的对地短路线去除。

（2）反相比例运算器的检测

1）将实验图 3-14 的运算放大电路改接成反相比例运算器，即按实验图 3-15 加接 R_1、R_2、R_f。

2）电路检查无误后，接通正、负电源。

3）反相输入端加入直流电压 U_I，依次将 U_I 调到 -0.4V、-0.2V、+0.2V 、+0.4V，用

万用表测量出每次对应的输出电压 U_O，记录在实验表 3－2 中，并与应用公式计算的结果进行比较。

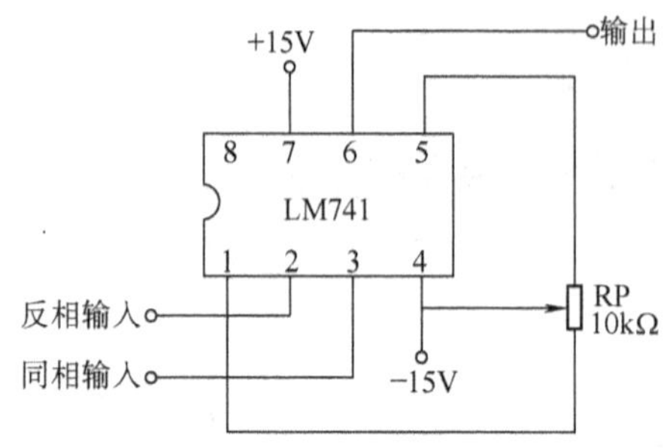

图 3－14　实验调零接线图

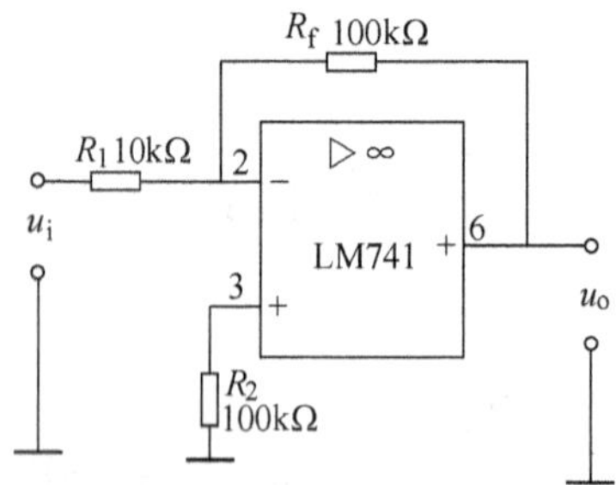

图 3－15　反相比例运算器检测图

表 3－2　反相比例运算器的检测数据

输入电压 U_I		−0.4V	−0.2V	0.2V	0.4V
输出电压	计算值 $U_O=-(R_f/R_1)U_I$				
	实测值				

（3）同相比例运算器的检测

1）将实验图 3－14 的运算放大电路改接成同相比例运算器，即按实验图 3－16 加接 R_1、R_2、R_3、R_F。

2）电路检查无误后，接通正、负电源。

3）在反相输入端加入直流信号电压 U_I，依次将 U_I 调到 −0.4V、−0.2V、+0.2V、+0.4V，用万用表测量出每次对应的输出电压 U_O，记录在表 3－3 中，并与应用公式计算的结果进行比较。

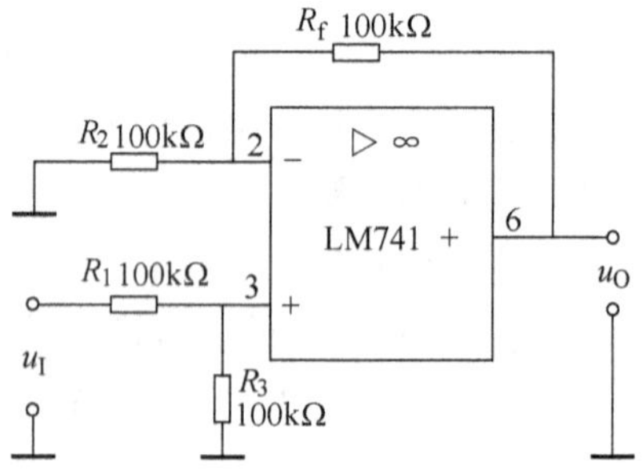

图 3－16　同相比例运算器的检测图

表 3－3　同相比例运算器的检测数据

输入电压 U_I		−0.4V	−0.2V	0.2V	0.4V
输出电压	$U_O=(1+R_f/R_1)U_I$				
	实测值				

（4）实验思考题

1）运算放大器为什么要调零？调零时为什么要将运放电路输入端对地短路？

2）如何改变比例运算电路的比例关系？

3）应如何保证运算电路同相输入端与反相输入端的输入电阻平均？

本 章 小 结

1. 集成运算放大器是一种高电压放大倍数的多级直接耦合集成放大电路，内部主要由差分式输入极、中间极、互补对称式输出极及辅助电路所组成。

2. 恒流源电路和差分放大器是集成运放的基本单元电路。恒流源电路的直流压降小、交流阻抗大，可以构成偏置电路或作为有源负载。

3. 一般集成运放有以下引脚：同相输入端、反相输入端、输出端、正电源端、负电源端、接地，有些运放还有外接调零电阻端、外接 RC 相位外偿端等。各种型号的运算放大器的管脚各不相同，使用时要先查阅集成电路手册，根据引脚功能进行接线。

4. 集成运放按输入信号的接入方式不同可组成反相放大器、同相放大器和差分放大器。集成运放的应用范围极为广泛，本章介绍了常用的几种信号运算电路（反相比例运算电路，同相比例运算电路，加法器、减法器）的电路形式及输出与输入信号的关系。

思考题与习题

1. 集成运放的功能是什么？
2. 集成运放主要由哪几部分组成？
3. 理想运算放大器有哪些特点？
4. 集成运算放大器使用时有哪些注意事项？
5. 集成运算放大器有哪些参数特点？
6. 画出集成运放组成的反相放大器、同相放大器电路图，并比较两种电路的不同之处。
7. 如何应用集成运算放大器组成电压比较器？试述电压比较器的工作原理。
8. 如图 3 - 17 所示电路，已知 $R_f = 120k\Omega$，如果测得输出电压 $u_o = 1.5V$，输入电压 $u_i = 0.5V$，试求 R_1 的大小。
9. 如图 3 - 18 所示电路，$R_1 = R_2 = R_3 = R_f = 10k\Omega$，输入电压 $u_{i1} = 30mV$，输出电压 u_o

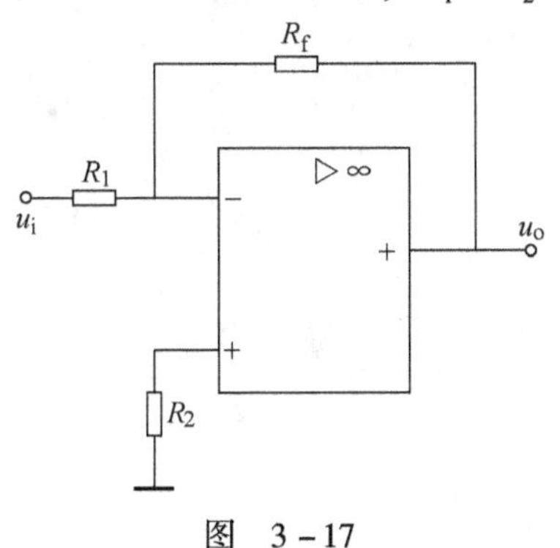

图 3 - 17

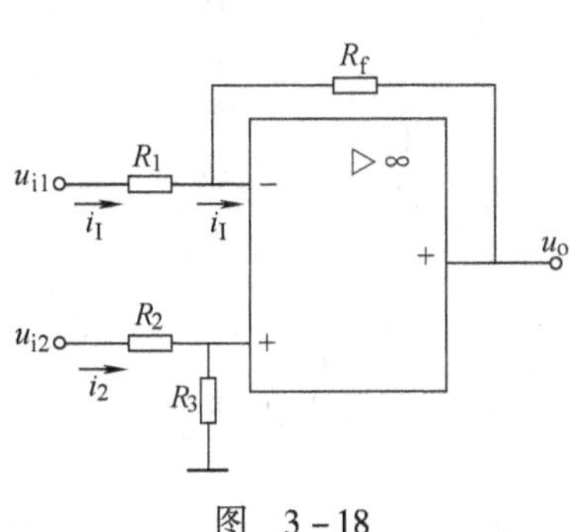

图 3 - 18

$=20\text{mV}$，求 u_{i2}。

10. 计算题图 3－19a、b 所示电路的输出电压 u_o。

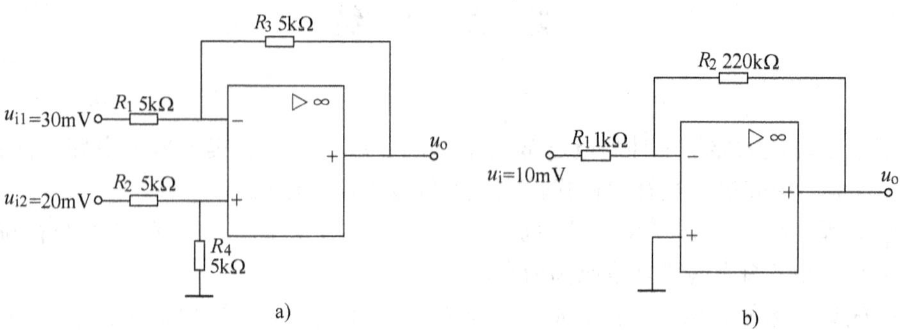

图 3－19

11. 分析图 3－10 蓄电池集成运放监视电路的工作原理。
12. 分析图 3－11 汽车电压表电路的工作原理。
13. 分析图 3－12 汽车排放废气分析器电路的工作原理。

第四章　自励振荡器

学习要点

1. 了解振荡器的功能、电路结构、振荡条件。

2. 熟知 LC 振荡器器电路的组成、工作原理。

3. 掌握变压器耦合 LC 振荡器的工作原理及振荡频率。

教学难点

1. 多谐振荡器组成、原理。

2. 自励式间歇振荡器组成、原理。

振荡器在电测量技术、自动控制、交通等方面都有广泛应用，振荡器是一种能够将直流电能转换为交流电能的变换装置。和放大器不同，振荡器将直流转换为交流电能的过程，不需外加输入信号，而是由电路本身的自励而产生，其输出信号的波形及频率由振荡器本身参数决定。

振荡器按其输出电压波形不同，可分为正弦波振荡器和非正弦波振荡器两大类。本章仅讨论正弦振荡器产生振荡的条件及 LC 正弦波振荡器的基本工作原理，并介绍汽车电器中常用的多谐振荡器和自激式间歇振荡器。

第一节　自励振荡器的组成和振荡条件

如图 4－1 为自励振荡器方框图，如果由于某种原因，使振荡器放大环节的输入端获得一个微弱的扰动信号 U_i，经过放大环节放大，有交流电压 U_o 输出，经过反馈电路，把 U_o 的一部分变成反馈电压值 U_f，反馈到放大环节的输入端，合成后得到净输入信号 U'_i。

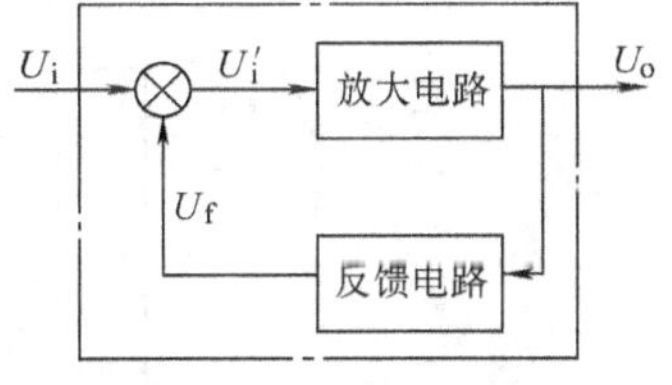

图 4－1　自励式振荡器组成原理框图

如果 U_f 与 U_i 同相位（即为正反馈），而 U_f 的幅值又足够大，则 U'_i 净输入信号增加，经放大，输出电压将进一步增加，反馈电压 U_f 又进一步增加。最后在反馈特性和晶体管特性的限制下，使放大器的输出电压稳定下来。这样，通过放大→输出→反馈→放大……，振荡器就可以获得一定的交流输出电压，也就是形成了振荡。由此可见，振荡器必须具备下列两个条件：

（1）相位平衡条件——输出端反馈到输入端的电压必须与输入电压同相位（正反馈）；

（2）振幅平衡条件——输出端反馈到输入端的电压幅值，必须大于或等于输入电压的幅值。

输出电压波形为正弦波的振荡器称为正弦波振荡器。由 LC 反馈网络（即反馈环节）组成的振荡器，又称为 LC 振荡器。

第二节　LC 并联谐振回路的选频作用

为了使输出电压波形为正弦波，即输出电压具有单一的频率，振荡电路要求具有选频作用。

如图 4－2a 所示的回路中，LC 并联谐振回路具有选频作用，LC 并联回路对不同频率的信号，所表现出来的阻抗大小及性质不同，如图 4－2b 所示。当信号源频为：

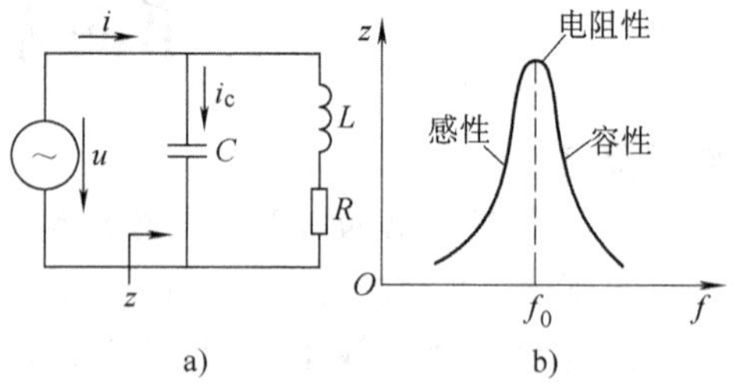

图 4－2　LC 并联谐振回路阻抗特性

$$f_0=\frac{1}{2\pi\sqrt{LC}}$$

时，即可出现并联谐振。从图可知，对于谐振荡率为 f_0 的信号，LC 回路呈纯电阻，且阻抗最大。而对于非谐振荡频率的信号，LC 回路呈现出感性或容性，阻抗值也较小。由于 LC 回路对不同频率的信号具有不同的特性，故 LC 回路具有选频作用。

第三节　LC 振荡器

一、LC 振荡器电路组成

用变压器作反馈元件的 LC 正弦波振荡器如图 4－3 所示。图中 VT 为振荡放大管，电阻 R_{b1}、R_{b2} 为分压式稳定工作点偏置电阻，C_e、C_2 为旁路电容，LC 并联回路为选频振荡回路，L_2 为反馈线圈，L_3 为振荡信号输出端电路。图标出电感线圈的接线方法，标有“·”的一端为电感线圈的同名端，变压器工作时，其同名端的电压极性相同。

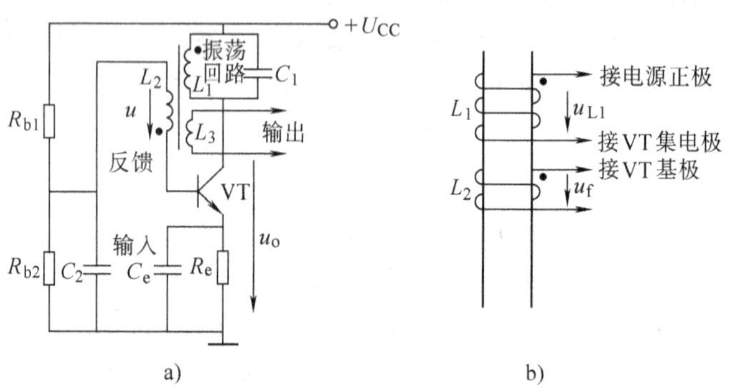

图 4－3　LC 正弦波振荡器

二、LC 振荡电路的工作原理

当电路接通电源的瞬时，电路中便出现一个电冲击，形成晶体管的初始输入信号。振荡器中 LC 组成的选频电路仅对频率 f_0 的信号产生并联谐振，此时它呈现出纯电阻性质的最高阻抗，为晶体管的集电极等效负载电阻。因此，放大电路对频率为 f_0 的信号具有很高的放大倍数。由于共发射极放大电路的倒相作用，这个输入信号经放大后，使晶体管集电极输出电压 u_o 反相 180 度，其反馈电压 u_f 与 u_i 同相，故电路满足平衡条件。只要变压器线圈 L_1

与 L_2 的匝数比调整合适，使得 $U_{fm}=U_{im}$，满足幅值平衡条件，就能使频率为 f_0 的信号形成强烈的正反馈，最终实现单一频率的正弦波稳幅振荡。振荡器的振荡频率取决于LC选频电路的谐振频率，故振荡频率为：$f_0=\dfrac{1}{2\pi\sqrt{LC}}$

三、LC振荡器电路的应用举例

1. 维修应急灯

应急灯是照明场所防止突然停电应急照明使用的电器设备，也可做成便携式，用于野外无电源维修、照明场所。典型的应急灯电路如图4－4所示。

电路的组成：TR_1、VD组成单相半波整流电源，S为双刀双掷开关，R_1、VL组成指示电路，E为蓄电池，R_2、VT、C_1、C_2、TR_2 组成正弦波振荡器。

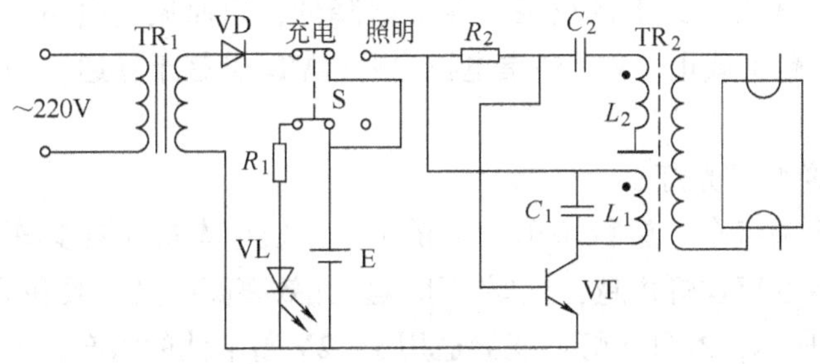

图4－4　应急灯电路

电路的工作原理，当开关S置于“充电”档时，电源变压器（为降压变压器）TR_1 一次侧接入市电，降压后由二极管VD整流，给蓄电池充电。另一方面使指示电路的发光二极管VL发光，表明电路处于“充电”状态，电路中电阻 R_1 起限流作用。当开关S置于“照明”档时，蓄电池 E 给振荡器提供直流电源，使电路起振，通过输出变压器（为升压变压器）TR_2 输出频率为 f_0 的正弦交流电压。由于电路起振过程中，TR_2 的次极可看成是开路状态，瞬间电压很高，所以能一次将荧光灯点亮。灯管点燃后，TR_2 次极负载加大，次极电压降至灯管工作电压。振荡器中电阻 R_2 为晶体管VT的基极偏置电阻，使其得到合适的静态工作点；L_1C_1 组成选频电路；反馈线圈 L_2 与耦合电容 C_2 组成交流正反馈电路，将 L_2 上产生的正反馈交流信号经 C_2 耦合到晶体管的输入端，使电路产生自激振荡。

上述应急灯电路结构简单、维修方便，有些应急灯电路还增加了照明灯泡或双灯管等功能，但是基本原理都是相同的。

2. 晶体管接近传感器

图4－5是半导体接近传感器电路，它由LC振荡电路、放大电路及输出器三部分组成，LC振荡电路中 L_1、L_2、L_3 绕在同一磁芯（感应头）上，如图4－6所示。当无金属体移近传感器的感应头时，振荡电路维持振荡，L_3 有交流信号输出，经二极管 VD_1 整流后使 VT_2 管获得足够的偏流而工作于放大状态。此时 VT_2 管的集电极电位下降，VT_3 管的基极电位也下降，VT_3 管截止无输出。

当有金属体移近传感器的感应头时，金属体内感应产生涡流，由于涡流的去磁作用，使

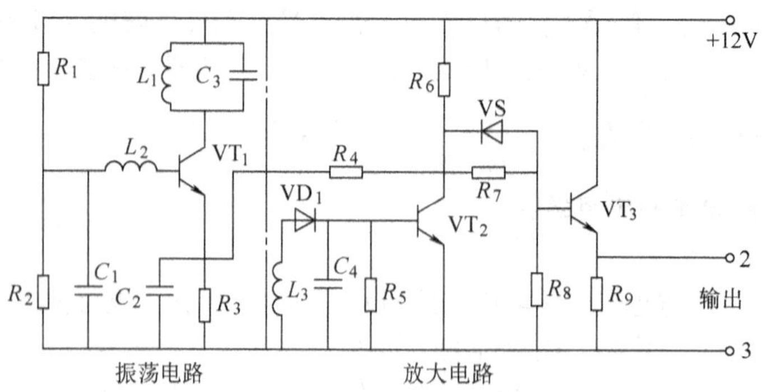

图 4-5　半导体水平移动传感器电路

线圈间的磁耦合大为减弱，L_1 上的反馈电压显著降低，因而振荡电路被迫停振，L_3 上无交流信号输出，VT_2 就趋于截止，VT_2 的集电极上升，VT_3 管趋于导通，经射极放大，在 R_9 电阻上输出电信号。

3. 汽车车厢用逆变日光灯

近年来，有些公共汽车、旅行轿车、小轿车、无轨电车等，在其车厢内均安装了日光灯，因为日光灯比普通钨丝灯优越，主要在于其发光效率高，光线柔和而分散，且无强烈的眩目感。如图 4-7 所示，本日光灯逆变器适用于 12V 蓄电池的汽车，并可与 6～8V 的日光灯配合使用。电源经二极管 VD 向电路供电，VT、C_3、W_c、R_1、R_2、R_3、C_2 组成 LC 振荡电路，振荡电路产生的正弦电压再经变压器升压，点燃灯管，线圈 W_b 产生反馈电压使振荡电路产生自激振荡。

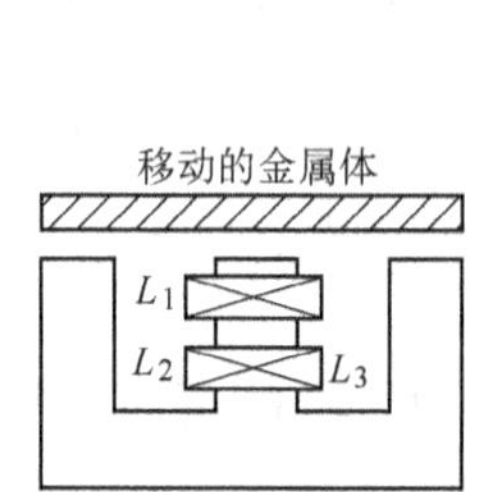

图 4-6　传感器感应头结构图

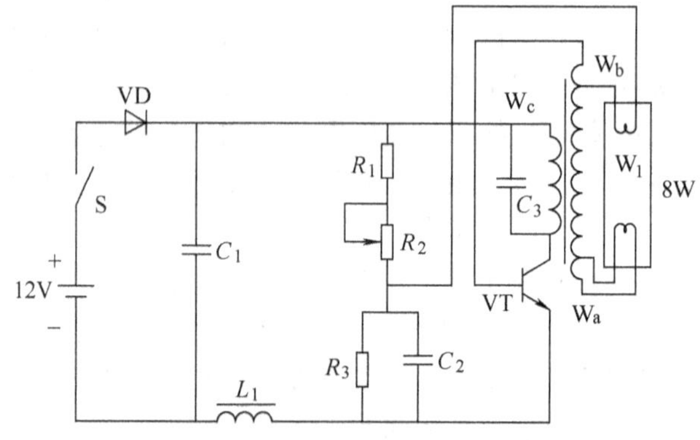

图 4-7　汽车车厢用逆变日光灯

第四节　多谐振荡器

一、多谐振荡器的组成和原理

多谐振荡器是一种矩形脉冲波产生电路，这种电路无需外加触发信号，便能生产一定频率和一定宽度的矩形脉冲，常用作脉冲信号源。由于矩形波中含有丰富的多次谐波，故称为多谐振荡器。多谐振荡器工作时，电路的输出在高、低电平间不停翻转，没有稳定的状态，所以又称为无稳态触发器。

如图4－8a 所示的多谐振荡器，在无外加触发信号时，电路中两个晶体管 VT_1 和 VT_2 交替地导通与截止，输出连续的方波，见图 4－8b。

由于 VT_1 管和 VT_2 管的基极电阻 R_{b1}、R_{b2}都接在电源 U_{CC}，当电源刚一接通时，VT_1 管和 VT_2 管中都会出现基极电流，同时导通。但是由于 VT_1 管和 VT_2 管的基极电流不会绝对相等，假如 VT_1 管的基极电流和集电极电流比 VT_2 管大，U_{c1}降得较多，经 C_1 耦合，并产生如下的连锁反应。

结果 I_{c1}迅速增大，I_{c2}迅速减小，直到 VT_1 管饱和，VT_2 截止。这时 VT_1 的 U_{c1}就下降到接近零的程度，而 VT_2 管的 U_{c2}则接近 U_{CC}，即该电路达到暂稳状态。

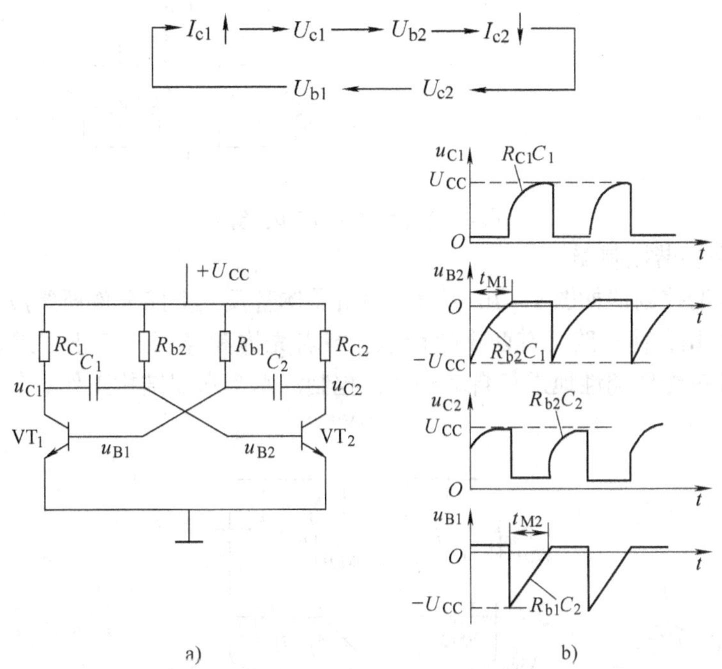

图 4－8　多谐振荡器及其电压波形

伴随着暂稳状态的出现，电容器 C_1 开始放电。放电回路如图 4－8b 所示。与此同时 VT_2 管的基极电位迅速提高，I_{c2}迅速增大，U_{c2}迅速下降，迫使 VT_1 管向截止方向翻转，以至达到新的暂稳状态，VT_1 管截止，VT_2 管饱和。接着又是 C_2 放电，重复上述过程，于是在 VT_1 管和 VT_2 管的集电极得到如图 4－8b 的输出波形。

二、多谐振荡器的应用举例

1. 无触点转向闪光器

无触点转向闪光器如图 4－9 所示，本闪光器是由晶体管 VT_1、VT_2，电阻 $R_1 \sim R_4$，电容 C_1、C_2 所组成的一个典型无稳态振荡器，其电路结构对称，即 $R_1 = R_4$，$R_2 = R_3$，$C_1 = C_2$，VT_1 和 VT_2 为同型号，且其参数相同。

当汽车转弯时，只要扳动转向灯开关 S，在无外加触发时，电路中两个晶体管 VT_1、VT_2 交替地导通与截止，输出连续的方波，转向灯就会以一定的频率闪光，亮灭的一个周期约为 0.8s，闪光频率 70～75 次/min（即 1.2～1.25Hz），亮灭比为1:1。其闪光清晰，工作稳定，使用寿命长。

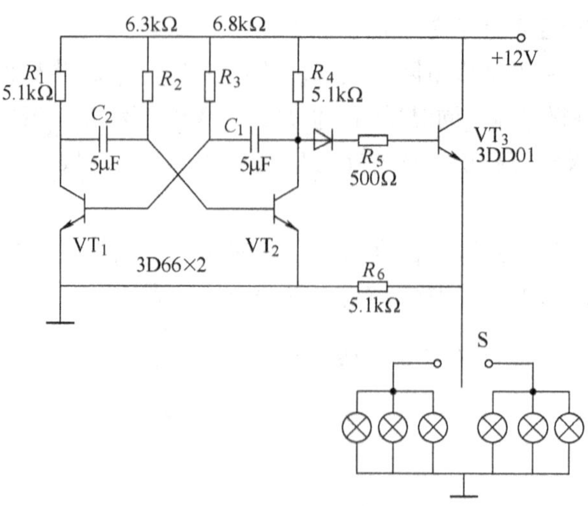

图 4-9　无触点转向闪光器

2. 汽车水刮多谐控制器

汽车水刮多谐控制器如图 4-10 所示，它由晶体管及其电路元件所组成，它通过电容器 C_1、C_2 的反馈作用，使电路具有两个暂稳态，或者先饱和导通后截止，或者先截止后饱和导通，这两个状态能周期性地进行自动翻转，控制汽车刮水器结构工作。

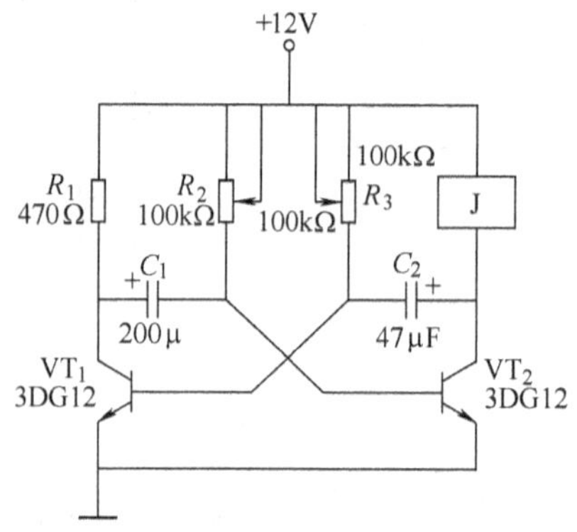

图 4-10　汽车水刮多谐控制器

第五节　自励式间歇振荡器

自励式间歇振荡器是一种不需要外加交流信号，就能产生间歇式交流输出的装置，如图 4-11 所示，由主线圈 N_1，副线圈 N_2、晶体管 VT、电容器 C、电阻 R 和二极管 VD 等组成。

当接通电源时，蓄电池经 N_1、N_2、R 向 VT 提供偏置电流 I_b，VT 导通，产生集电极电流 I_c，由于 N_1 中突然流过一个较大的电流，所以 N_1 和 N_2 中同时产生感应电势，其方向如虚线箭头所示，N_2 中的电势以正向加到 VT 的发射极上，使其迅速饱和。

VT 饱和后，I_c 瞬间稳定，I_c 中的感应电势又迅速下降到零，VT 上的偏压下降，集电极电流 I_c 就减小，于是又在 N_1 和 N_2 中感应出实线箭头所示的电势，在这种情况下，二极管

VD 正向导通，将 N_2 中的电势短路，N_1 中的感应电势则与蓄电池电势相迭加并 C 充电，使得基极电位上升，偏流减小，以至截止，接着 C 经 R 放电，基极电位又跟着下降。当基极电位下降至某一值时，VT 又导通且到饱和，如此反复不止，在 N_1 中便得到一个间歇性的交变电流，其频率约为 100Hz。

二极管 VD 的作用是短路 VT 在截止过程中在 N_2 中感应的电动势，以免反向击穿晶体管。电动汽油泵的外形如图 4－12 所示。

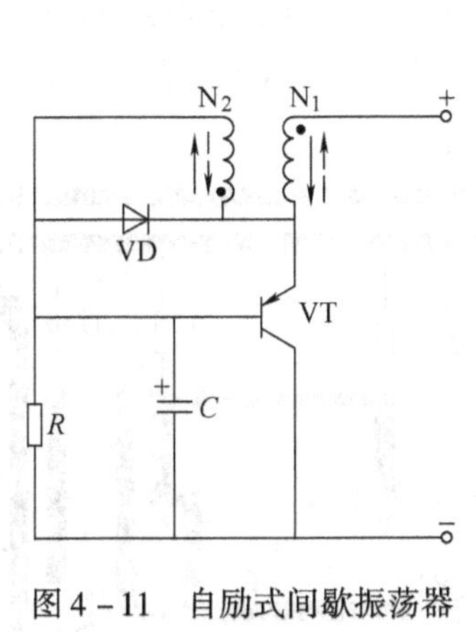

图 4－11　自励式间歇振荡器

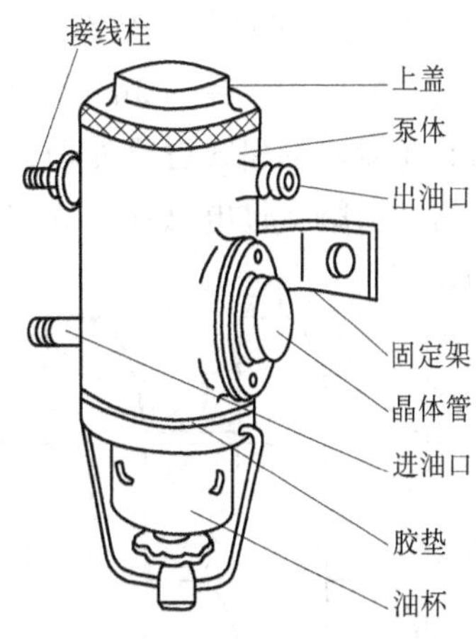

图 4－12　电动汽油泵外形图

技能训练五：多谐振荡器的制作

多谐振荡器是一个简单但多功能的小电路，它可以做发光二极管的驱动电路，可以做声报警器的驱动电路等，这里，介绍由 8 只元器件组成的一个对称的多谐振荡器，如图 4－13 所示。

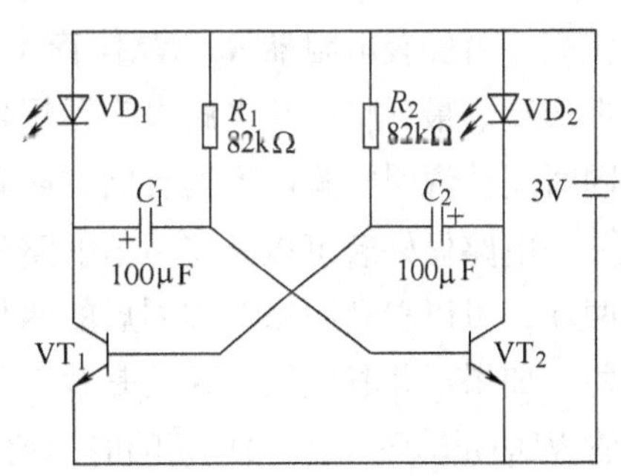

图 4－13　多谐振荡器电路

1. 电路工作原理

电路刚接通电源时，总有一只晶体管（放大系数较高的）首先导通。假如晶体管 VT_1 首先导通，它的集电极就为低电平。这个低电平通过电容器 C_1 耦合到晶体管 VT_2 的基极，使 VT_2 趋向截止，VT_2 的集电极电位上升。这个上升的电位经电容器 C_2 的耦合又使 VT_1 的基极电位上升，它更加导通，最后 VT_2 完全截止，VT_1 完全饱和导通，电路处于一个暂稳定过程。设 C_1 原先充了电，左正右负，等到 VT_1 饱和导通时 C_1 便通过 VT_1 放电，放电路径是 C_1 正（左边）$\rightarrow R_1 \rightarrow C_1 \rightarrow VT_1 \rightarrow$ 电池负。这时 C_1 右端电位随着反向充电逐渐上升，当上升到 0.6 V 以上时，VT_2 开始导通。VT_2 导通后其集电极电压就开始下降。由于电容器两侧电位不能突变，故 C_2 左端的电压跟着下降，变为低电压，强迫晶体管 VT_1 截止。这样 VT_1 的集电极电压又上升，再经

C_1 加到 VT_2 的基极，又形成一个正反馈，使 VT_2 又完全导通，VT_1 又完全截止，电路处于另一暂稳态过程。此后，电容器 C_2 首先通过已经饱和的晶体管 VT_2 和电阻器 R_2 放电，然后再开始充电，直到晶体管 VT_1 重新开始导通，如此不断循环下去。图 4-14 是两只晶体管集电极的电压波形。

2. 对元器件的要求

电路中的电阻器 R_1、R_2 均为 1W/8 炭膜电阻器，两只电容器耐压为 16V 的电解电容器。两只晶体管为 NPN 型硅材料塑封管，β 选 40～60 之间，型号可用 3DG6，3DG201 或 9013 等。发光二极管一般选用直径为 5mm 的红色或绿色的较为合适。为了保证焊接的质量，在焊接前要对所有元器件的引线进行处理，减少虚焊。图 4-15 是用 4cm×4cm 的印制电路板的安装图。元器件引脚穿过电路板，焊在印制电路板的铜箔上。

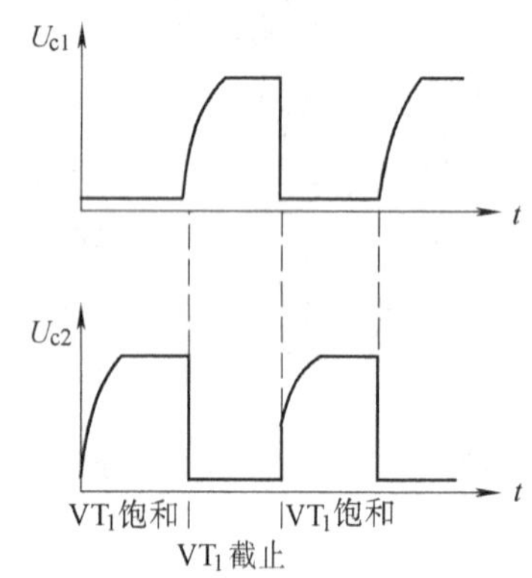

图 4-14　两只晶体管集电极的电压波形

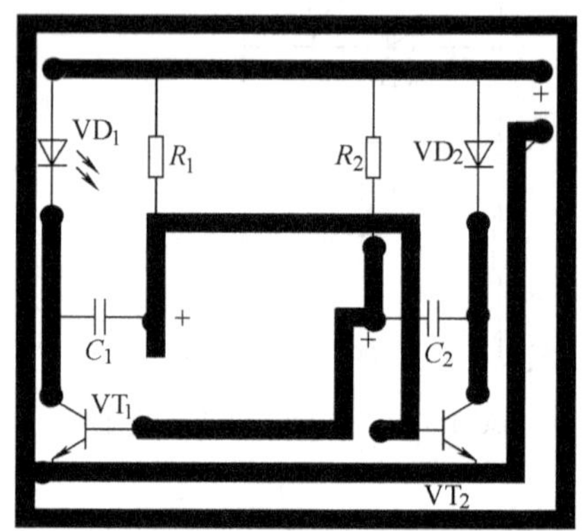

图 4-15　多谐振荡器印制电路

3. 制作与调试

先安装电阻器 R_1、晶体管 VT_2 和发光二极管 VD_2，然后通电试一下，发光二极管 VD_2 应亮。再安装电阻器 R_2、晶体管 VT_1 和发光二极管 VD_1，再通电试一下，发光二极管 VD_1 也应亮。最后将两只电解电容器焊好，电路就会成功。如果通电后两只发光二极管不闪烁且同时亮，说明电解电容器有问题或者虚焊。

电路做好后可以改变一下电路的参数，比如找一只 82kΩ 的电阻器并联在电阻器 R_1 的两端，可以看到原来对称闪烁的两只发光二极管，这时 VD_1 亮的时间比 VD_2 亮的时间要短些。如果不并联电阻器，而是找一只 100μF 的电容器并联在电容器 C_1 两端，这时发光二极管 VD_1 亮的时间比 VD_2 亮的时间要长些。这些实验说明，晶体管 VT_1 导通时间（VT_1 导通，发光二极管 VD_1 才亮）与电阻器 R_1 和电容器 C_1 的大小成正比。同样晶体管 VT_2 的导通时间与电阻器 R_2 和电容器 C_2 的大小成正比。

本 章 小 结

1. 振荡器是一种不需要外加交流信号，就能产生交流电输出的装置，它可以把直流电能转换成交流电能。自励振荡器主要由基本放大器和正反馈电路组成，它需要一个具有正反馈的正常放大电路。

2. 振荡器的种类很多，可分为正弦波和非正弦波振荡器两大类。各种振荡器都有各自的用途，它们广泛用于电子玩具、发声设备及汽车电器等各个方面。

3. 产生正弦波信号的电路称为正弦波振荡器，它主要由放大电路、正反馈电路、选频电路组成。电路要起振必须同时满足相位平衡条件和振幅平衡条件。

4. 多谐振荡器是一种能自动输出矩形脉冲的振荡电路，广泛用于脉冲数字电路和汽车电器等方面。

思考题与习题

1. 振荡器与放大器有什么区别和联系？

2. 振荡电路能够自激振荡应满足什么条件？

3. 振荡器如果没有选频电路能否产生振荡？能否获得正弦波振荡信号？

4. 正弦波振荡电路由哪几部分组成？选频网络的作用是什么？

5. 在图 4－16 电路中，铁芯线圈的绕行方向如图所示，试标出振荡线圈 L_1 与反馈线圈 L_2 的同极性并说明该电路是否满足相位平衡条件。

6. 在图 4－16 所示变压器作反馈式 LC 正弦波振荡器电路中，试解释下列现象：

（1）对调反馈线圈的两个接头后就能起振。

（2）调节电阻 R_1、R_2 或 R_3 的阻值后就能起振。

（3）改用放大倍数较大的晶体管后就能起振。

（4）适当增加反馈线圈的圈数后就能起振。

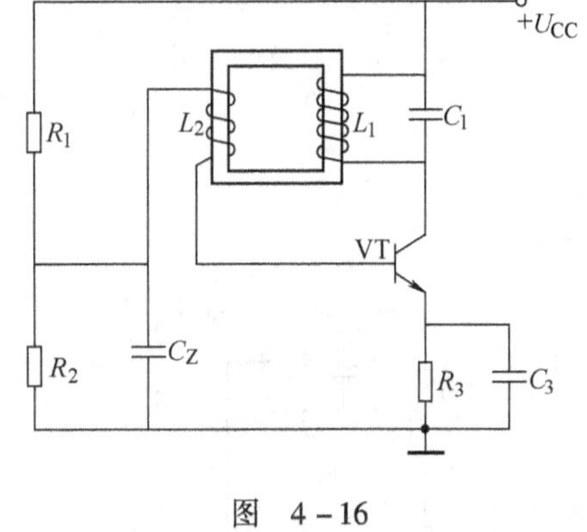

图 4－16

7. 如图 4－16 所示电路中当电容器 $C_1=2200\text{pF}$，电感线圈 $L_1=0.5\text{mH}$ 时，试计算电路的谐振频率。

8. 检查图 4－17 中的几个电路的正确性。如有错，请在原图的基础上把错误的连线和元件打上 ×，再画上所需的连线和元件。

9. 有一种频率是 10kHz 到 100kHz 的 LC 振荡器，振荡回路的电感是 $L=250\mu\text{H}$，试求该振荡回路电容 C 的变化范围。

10. 指出图 4－18 中各个电路，哪些能产生自励振荡？哪些不能。

11. 分析图 4－9 无触点转向闪光器电路的工作原理。

12. 分析图 4－11 电动汽油泵电路的工作原理。

+Ec
C
L1
L2
Rb1
Rb2
Cb
Re
Ce
a)
+Ec
C
L1
L2
Rb1
Rb2
Re
Ce
b)
+Ec
L2
L1
C
Rb1
Rb2
Re
Ce
c)
+Ec
L
C1
C2
Rb1
Rb2
Re
Ce
d)

图 4－17

+Ec
Rb1
C
L
Cb
VT
Rb2
Cc
Re
a)
+Ec
Rb1
C
L
Cb
VT
Rb2
Re
Ce
b)
+Ec
Rb1
C
L
C1
VT
Cb
Rb2
Re
c)

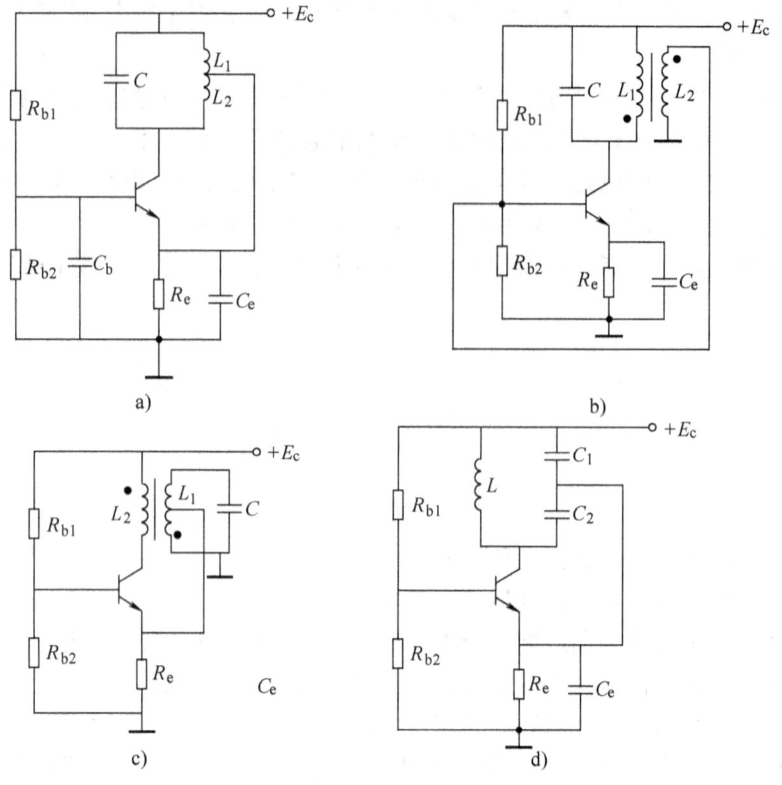

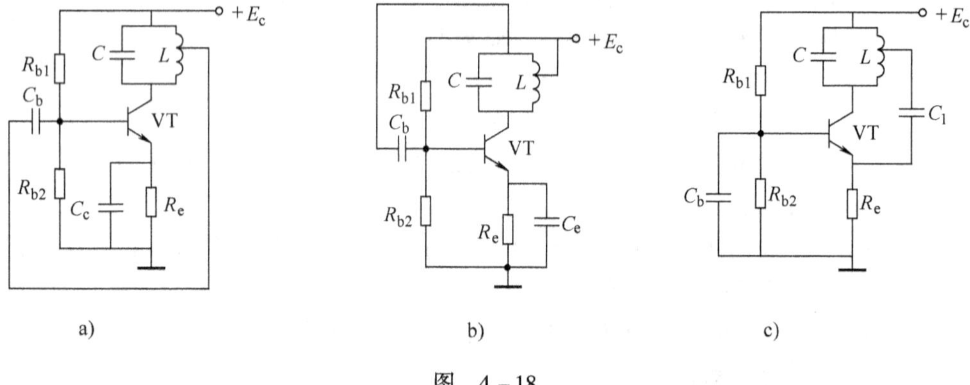

图 4－18

第五章　晶闸管及其应用

学习要点

1. 熟悉晶闸管的图形与文字符号，了解其参数的含义。
2. 掌握晶闸管的导电特性。
3. 熟悉可控整流及触发电路的基本形式与基本工作原理。

教学难点

1. 晶闸管的导电特性及可控整流和触发电路的组成、工作原理。
2. 晶闸管电路的实际应用。

第一节　晶闸管的结构和工作原理

晶闸管（曾称可控硅）是可控整流器件，也属大功率半导体器件，实际上，晶闸管不仅能用于整流；还可用作无触点开关，以快速接通或切断电路；并能实现将直流电变成交流电的逆变；在汽车电气控制方面也有广泛应用。它的体积小、重量轻、无噪声、稳定性好和工作可靠，它的出现，使半导体器件从弱电进入强电领域，成为用途十分广泛的器件。

一、晶闸管的结构与符号

晶闸管的外形有平板形，螺栓形和小型塑封形等几种。图 5－1a 所示为常见的外形。它有三个电极：阳极 A、阴极 K 和门极 G。图 5－2b 是晶闸管的图形符号。它的文字符号一般用 V、VT 也有用 SCR、KG、CT 等表示。

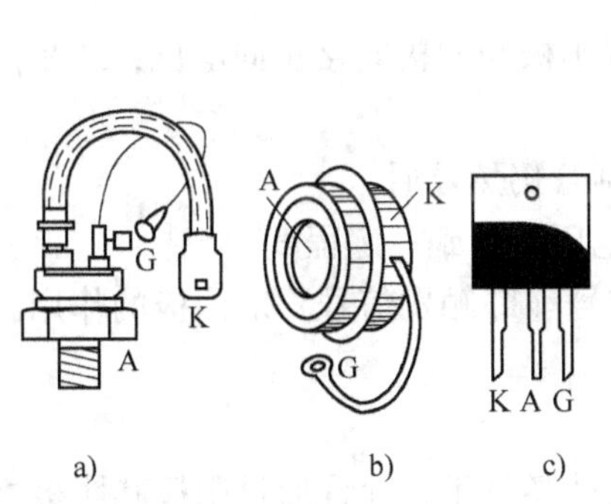

图 5－1　晶闸管的外形

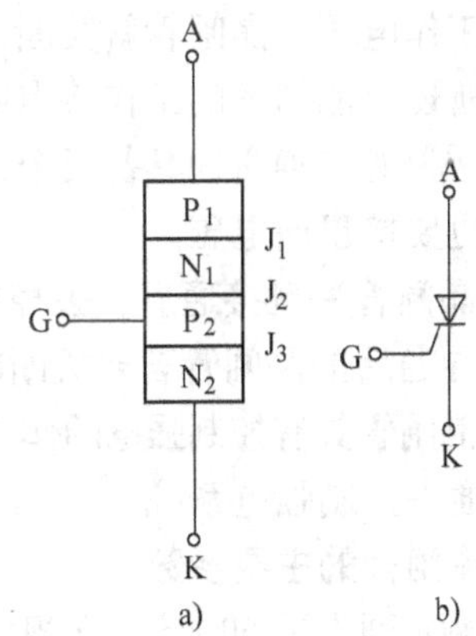

图 5－2　晶闸管的内部结构和符号

晶闸管的内部由四层半导体材料构成，如图 5－2a 所示，有三个 PN 结（J_1、J_2、J_3），它的电极分别从 P_1（阳极 A）、P_2（门极 G）、N_2（阴极 K）引出。

二、晶闸管的工作原理

从图形符号看，晶闸管很像一只二极管，只比二极管多了一个电极。实际上，晶闸管像二极管一样只能正向导通，它与二极管最根本的区别是，它的导通和关断是有条件的。实验电路如图 5－3 所示：

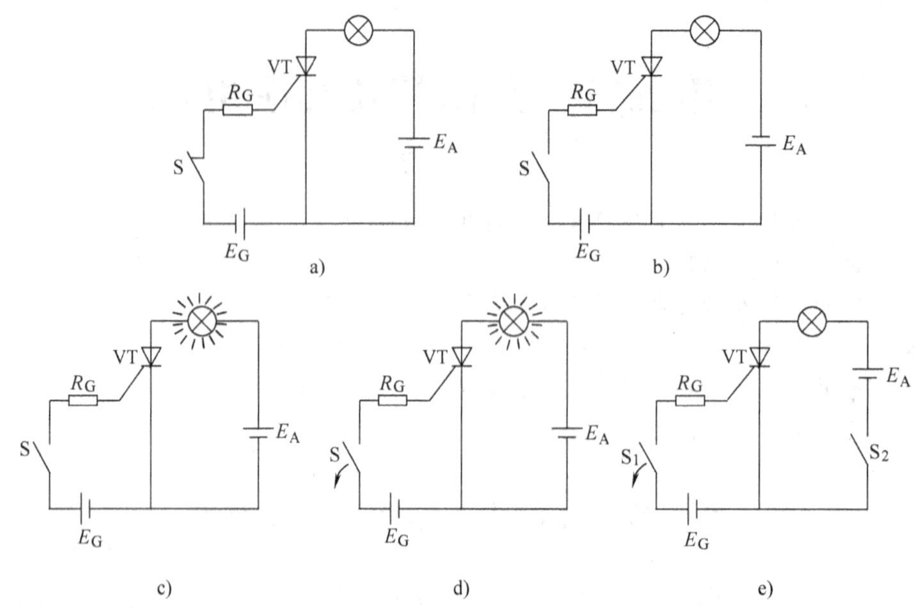

图 5－3　晶闸管导通和关断实验

如图 5－3c 所示，当开关 S 接通时，即给门极 G 加上控制信号 E_G 的正电压，也就是加上触发信号，电路中指示灯被点亮；这说明晶闸管导通了（在电路中起了“开”的作用）；晶闸管导通后，若将开关 S 断开，即去掉门极正向电压，灯泡仍然亮着，表明晶闸管仍然导通，如图 5－3d 所示，这说明，晶闸管一旦导通后，门极 G 就失去了控制作用；如果要使晶闸管重新关断，只有将 E_A 降低到一定程度（使电流小于一定的数值，即维持电流）时才能实现。如图 5－3a、b 所示，阻断的晶闸管若不给门极 G 加上正向控制信号，或者给晶闸管加上反向工作电压，晶闸管就关断。

综上所述，晶闸管的工作特点有如下几点：

（1）晶闸管导通必须具备两个条件：一是晶闸管阳极与阴极间接正向电压；二是门极与阴极之间也要接正向电压。

（2）晶闸管一旦接通后，去掉门极电压时，晶闸管仍然导通。

（3）导通后的晶闸管若要关断时，必须将阳极电压降低到一定程度。

（4）晶闸管具有控制强电的作用，即利用弱电信号（即触发信号）对门极的作用就可使晶闸管导通去控制强电系统。

三、晶闸管的主要参数

（1）额定通态平均电流：在规定的环境温度和散热条件下，允许通过阳极和阴极之间的正弦半波电流平均值。

（2）维持电流：在规定的环境温度、门极断开的条件下，保持晶闸管处于导通状态所需要的最小主电流。一般为几毫安到几十毫安不等。

（3）门极触发电压和电流：在规定环境温度及一定正向电压条件下，使晶闸管从断态到通态，门极所需的最小（的正向）门极电压和电流。小功率晶闸管约为 1V 左右，触发电流零点几到几毫安，中功率以上晶闸管触发电压约为几伏到几十伏，电流为几十毫安到几百毫安。

(4) 断态重复峰值电压：门极断开阳极加正向电压，此时允许重复加到晶闸管阳极上的正向电压最大值，称断态重复峰值电压。使用时，正向电压若超过此值，晶闸管即使不加触发电压也能从断态重复转而导通。

(5) 反向重复峰值电压：门极断开，加反向电压晶闸管截止的状态称反向重复，此时允许加到晶闸管阳极上的反向电压最大值，称反向重复峰值电压。通常正、反向峰值电压是相等的，统称峰值电压。一般晶闸管的额定电压就是指峰值电压。

第二节　晶闸管可控整流电路

利用晶闸管“触发导通”的特性，可用它组成整流电路，这种整流电路与一般整流电路不同之处在于输出的负载电压是“可控的”。本节介绍单相半波和单向桥式可控整流电路。

一、单相半波可控整流电路

图 5－4 是单相半波可控整流电路。设 u_2 为变压器二次电压，R_L 为负载，VT 是晶闸管。电路工作原理如下：

(1) u_2 为正半周时，晶闸管 VT 承受正向电压。如果此时没有加触发电压，则晶闸管处于正向阻断状态，负载电压 $u_L=0$，如图 5－5 所示。

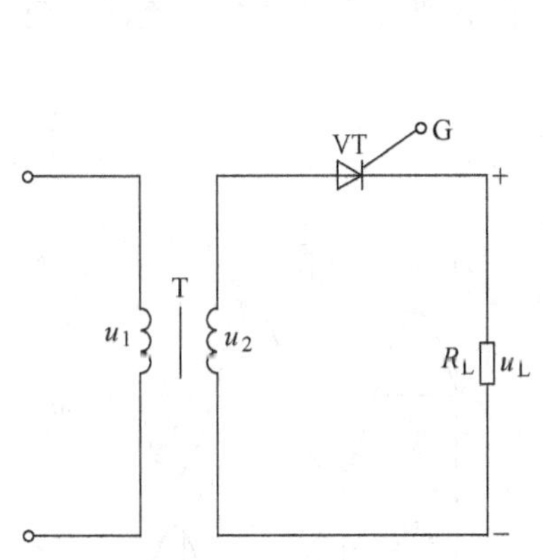

图 5－4　单相半波可控整流电路

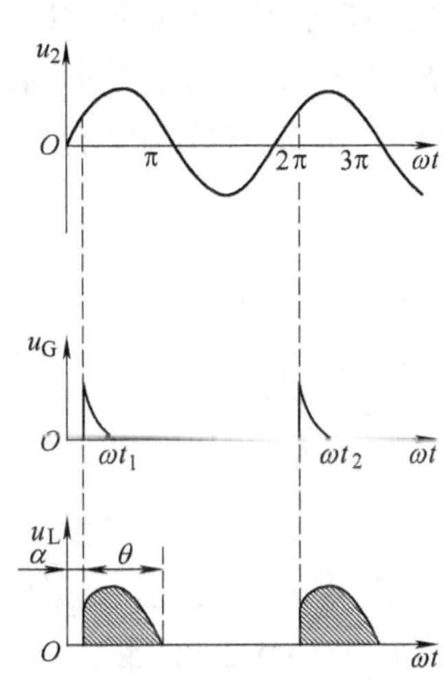

图 5－5　单相半波可控整流电压波形

(2) 当 $\omega t=\alpha$ 时，门极加有触发电压 u_G，晶闸管具备了导通条件而导通，由于晶闸管正向压降很小，电源电压几乎全部加到负载上，$u_L=u_2$。

(3) 当 $\alpha<\omega t<\pi$ 期间，尽管 u_G 在晶闸管导通后即已消失，但晶闸管仍保持导通，因此，在这期间，负载电压 u_L 基本上与二次电压 u_2 保持相等。

(4) 当 $\omega t=\pi$ 时，$u_2=0$，晶闸管自行关断。

(5) $\pi<\omega t<2\pi$ 时，u_L 进入负半周后，晶闸管承受反向电压，呈反向阻断状态，负载电压 $u_L=0$。

在 u_2 的第二个周期里，电路将重复第一周期的变化。如此不断重复，负载 R_L 上就得到单相脉动的电压。

从图 5－5，可以看出，在电角度 $0\sim\alpha$ 期间晶闸管正向阻断；在 $\alpha\sim\pi$（即 θ 期间），晶闸管导通。

通常，把 α 叫做触发延迟角，把 θ 叫做导通角。显然，触发延迟角 α 越大，导通角 θ 越小，它们的和为定值，即 $\alpha+\theta=\pi$

不难看出，改变门极触发电压到来的时刻，亦即改变触发延迟角 α 的大小，就可改变导通角 θ，也就改变了负载电压 u_L 的平均值。有下列公式可计算

整流输出负载电压平均值为 $u_L=0.45u_2\frac{1+\cos\alpha}{2}$

整流输出负载电流平均值为 $i_L=\frac{u_L}{R_L}$

二、单相桥式可控整流电路

图 5－6 是单相桥式可控整流电路。T 为变压器，$VD_1\sim VD_4$ 四个整流二极管组成桥式整流电路，VT 是晶闸管。电路工作原理如下：

桥式整流输出电压，对晶闸管 VT 而言是正向电压，只要触发电压 u_G 到来，VT 即可导通。如忽略它的正向压降，则负载电压 u_L 将与 u_2 对应部分基本相等。

当 u_2 过零时，晶闸管自行关断，在 u_2 的第二个半周中，电路将重复第一半周的情况。

由图 5－7 可知，该电路也是通过调整触发信号出现的时间来改变晶闸管的触发延迟角 α 和导通角 θ，从而实现控制直流电压平均值的输出。有下列公式可计算整流输出负载电压平均值为

$$u_L=0.9u_2\frac{1+\cos\alpha}{2}$$

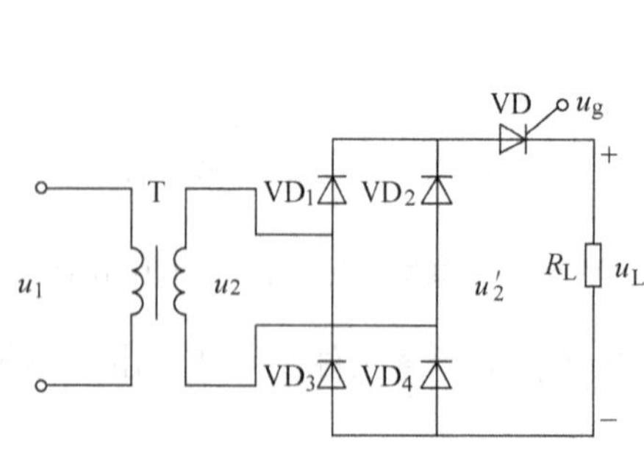

图 5－6　单相桥式可控整流电路

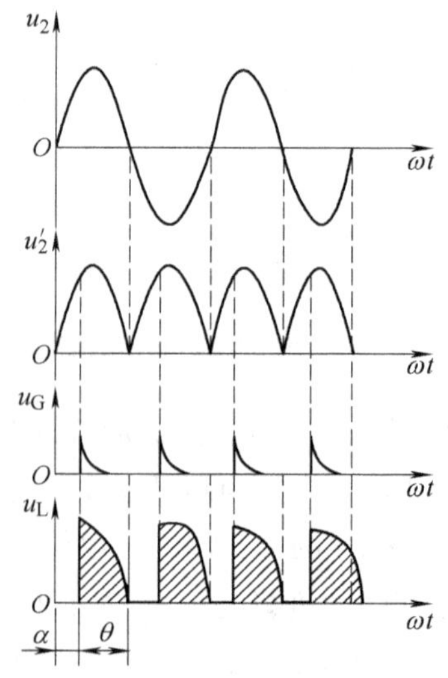

图 5－7　单相桥式可控整流电压波形

负载电流平均值为

$$I_L = \frac{U_L}{R_L}$$

第三节　触 发 电 路

晶闸管的导通，除了在阳极与阴极之间加正向电压外，还必须在门极上加正向触发电压，提供正向触发电压的电路称为触发电路。由于触发电压只需短时间存在，因此，常用脉冲电压作为触发电压。晶闸管的触发电路常采用由单结晶体管组成的触发脉冲电路。

一、单结晶体管的结构和型号

单结晶体管的结构，如图 5－8a 所示。它有三个电极：发射极 e，第一基极 b_1，第二基极 b_2，只有一个 PN 结，所以称为单结晶体管，或双基极二极管。单结晶体管的图形符号和外形如图 5－8b、c 所示。

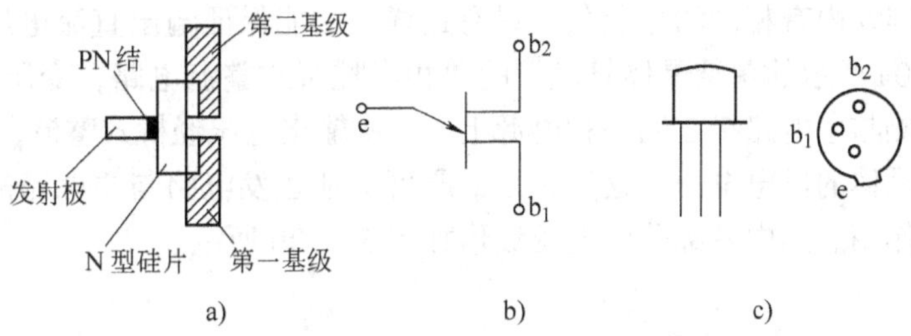

图 5－8　单结晶体管的结构、符号和外形

图中发射箭头指向 b_1 极，表示经 PN 结的电流只流向 b_1 极。单结晶体管的型号有 BT31、BT32、BT33、BT35 等。

二、单结晶体管的触发电路

1. 单结晶体管振荡器电路

图 5－9a 是由单结晶体管外接适当的电阻、电容所组成的振荡器电路，从电阻 R_1 上取出脉冲电压 U_{R1}。

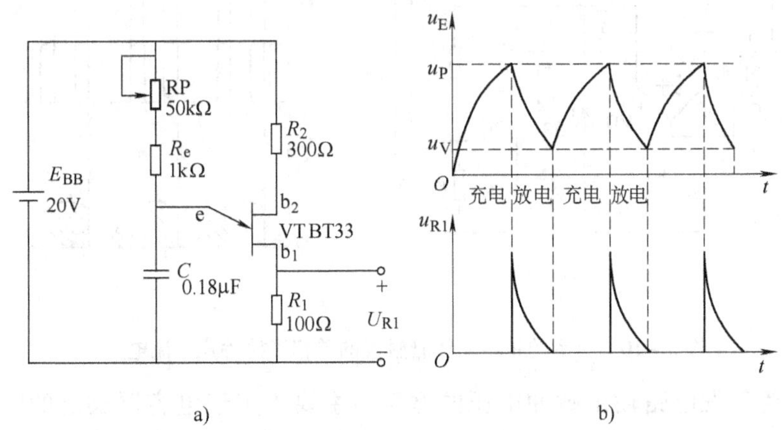

图 5－9　单结晶体管组成的振荡器电路及电压波形

电源 E_{BB}经 RP、R_e 向电容器 C 充电（设初始时，电容 C 上的电压为零），使其端电压按指数规律升高。上升速度取决于 RC 的数值。

当 u_C 上升到单结晶体管的峰点电压 u_P 时，单结晶体管突然由截止变为导通（这是单结晶体管的特性），电容向外接电阻 R_1 放电。由于电阻 R_1 较小，放电很快，因而放电速度比充电速度快得多，u_C 急剧下降。当电容电压降到谷点电压 u_V 时，单结晶体管截止，输出电压 u_{R1}下降，几乎为 0V，于是在 R_1 两端形成一个脉冲电压，完成一个振荡周期。

此后，电容器又开始充电，重复上述过程，这种周而复始的自动充电放电的过程就在电容两端形成锯齿波电压 u_C，在电阻 R_1 上形成尖脉冲电压 u_{R1}，如图 5－9b 所示。调节电位器 RP，可改变电容充电时间，从而改变输出脉冲的频率。

2. 单结晶体管同步触发的单相半控桥式整流电路

由于图 5－9a 所示的振荡电路产生的脉冲 U_{R1}与主电路的交流电源不能同步，不能用来触发晶闸管。为了做到同步，要求触发脉冲在晶闸管每个导通周期内的固定时刻发出，以保证晶闸管在每个周期内有相同的导通角。只有这样，才能保证输出直流电压平均值的稳定。因而采用图 5－10a 所示的单结晶体管触发的单相半控桥式整流电路，变压器 T 称为同步变压器，它的一次侧与主电路接在同一相电源上。二次输出电压经桥式整流、稳压管限幅得到的电压作为单结晶体的供电电压。这样一来，既可保证触发电路与主电路的过零时刻一致，又起到了同步的作用。图中各部分的电压波形如图 5－10b 所示。

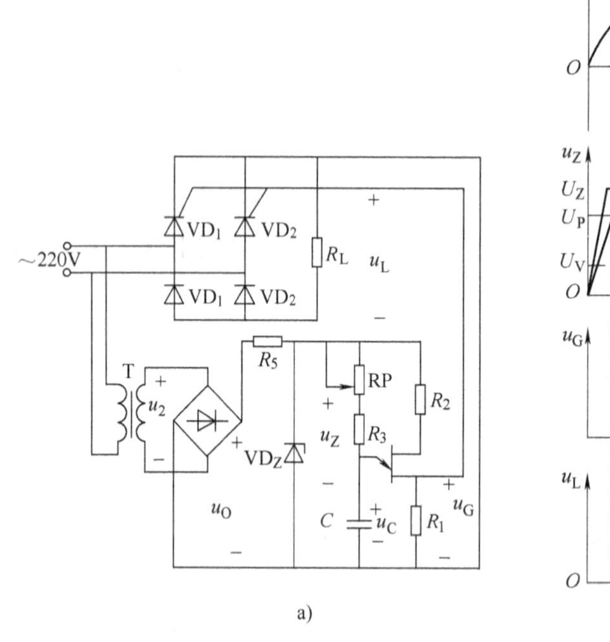

a)

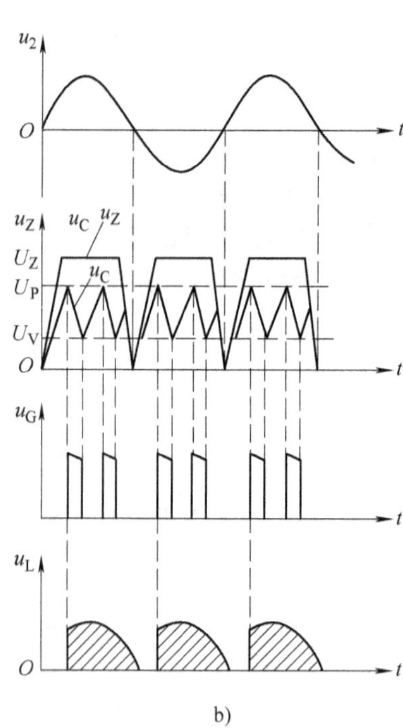

b)

图 5－10　所示的单结晶体管触发的单相半控桥式整流电路

单结晶体管触发电路输出脉冲电压的宽度，主要决定于电容器放电的时间常数 $\tau = R_1C$。若 C 太小，放电快，触发脉冲的宽度小，不能使晶闸管触发。因为晶闸管从阻断状态到完全导通需要一段时间，一般在 10μs 以下，所以触发脉冲的宽度必须在 10μs 以上。如

选用 $C=0.1\sim1\mu F$，$R_1=50\sim100\Omega$，就可得到数十微秒的脉冲宽度。脉冲电压的幅度决定于整流、稳压后直流电源电压 U_Z 和单结晶体管的分压比以及 R_1 的阻值。

第四节　晶闸管应用实例

一、高能汽车电子点火器

高能汽车电子点火器如图 5－11 所示，由电压变换器将蓄电池的 12V 直流电压变换成交流电压，经升压后再进行整流，得到约 500V 的直流电压，500V 加于晶闸管 VT_3 阴－阳极之间作为正向阳极电压，并对储能电容器 C_1 进行充电。另有一个触发电路专门供晶闸管 VT_3 控制信号。当晶闸管 VT_3 被触发导通后，储能电容器 C_1 就通过点火线圈一次绕组 W_1 进行放电，于是在二次绕组 W_2 中产生高压，以供发动机点火。

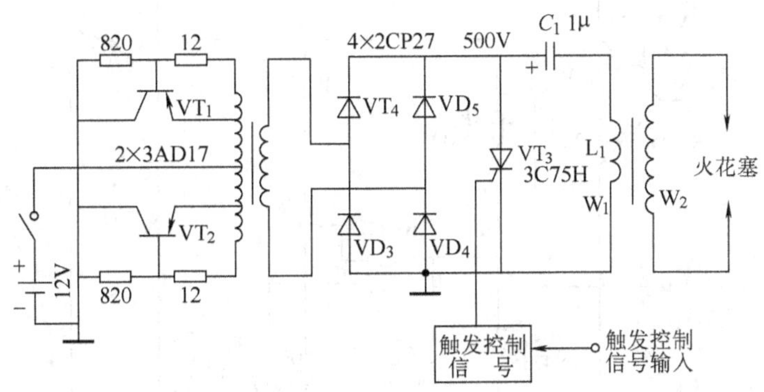

图 5－11　高能汽车电子点火器

二、晶闸管刮水器控制电路

晶闸管刮水器控制电路如图 5－12 所示，该控制装置有两个基本电路，一是由单结晶体管 V_3 所构成的自励振荡器，此电路能决定刮水器往复运动的速度；另一个是由晶闸管 VT 所组成的执行电路，能使刮水器动作。12V 电源经 VD_1、R_1、R_2 向 C_1 充电，上正下负，当

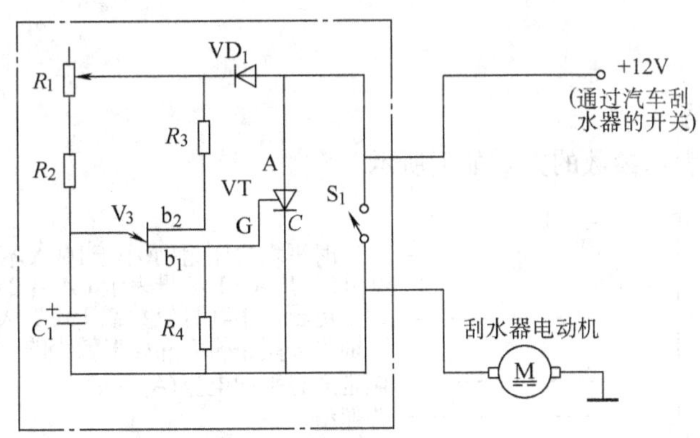

图 5－12　晶闸管刮水器控制电路

电压上升到一定程度，单结晶体管 VT 导通，在 R_4 上产生脉冲电压而使晶闸管触发导通。晶闸管导通后，C_1 放电，当电压下降到一定程度，晶闸管关断，12V 电源又经 VD_1、R_1、R_2 向 C_1 充电，循环往复，间歇振荡工作。

该电路实现了以汽车风窗玻璃刮水速度的完全控制，刮水器往复动作可放慢到任一速度，甚至可慢到 4 次/min。

三、可控充电器

可控充电器如图 5－13 所示，该充电器主要由晶闸管、单结晶体管及脉冲变压器 T 等组成。电路中的 R_s 为限流电阻，它可把通过晶闸管主电路的电流限制在 20A；脉冲变压器 T 的铁心，可采用 203F181－3C3 型，铁氧体材料。

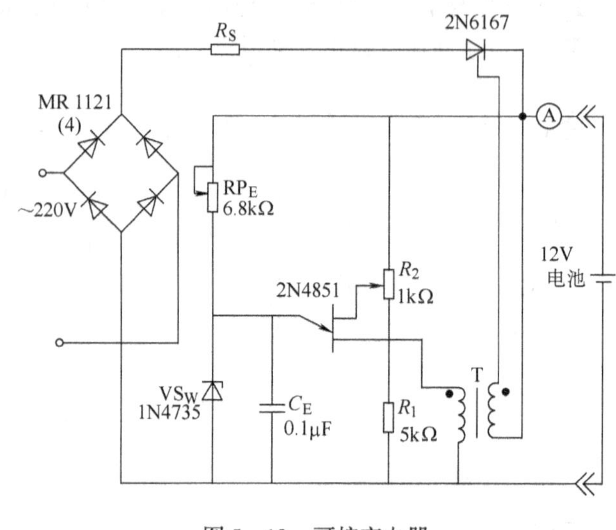

图 5－13　可控充电器

技能训练六：晶闸管的型号及检测

1. 晶闸管的型号

KP 系列晶闸管表示参数的方式如下所示。

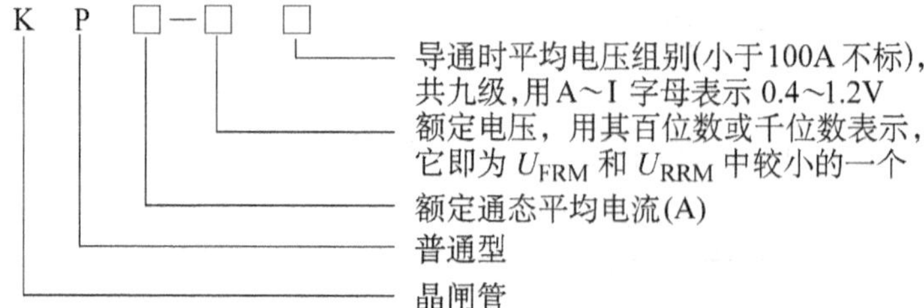

2. 检测方法

晶闸管使用前需要进行检测，以确定其好坏，检测方法如下：

(1) 用万用表 $R \times 10$ 档，黑笔接阳极，红笔接阴极，指针应接近∞，如图 5－14 所示。

(2) 当合上 S 时，表针应指很小阻值，约为 60～200Ω，表明晶闸管能触发导通。

(3) 断开 S，表针不回到零，表明晶闸管是正常的（有些晶闸管因维持电流较大，万用表的电流不足以维持它的导通，当 S 断开后，表针会回到零，也是正常的）。如果在 S 未合上时，阻值很小，或者在 S 合上时，表针也不动，表明晶闸管质量太差，或已击穿、断极。

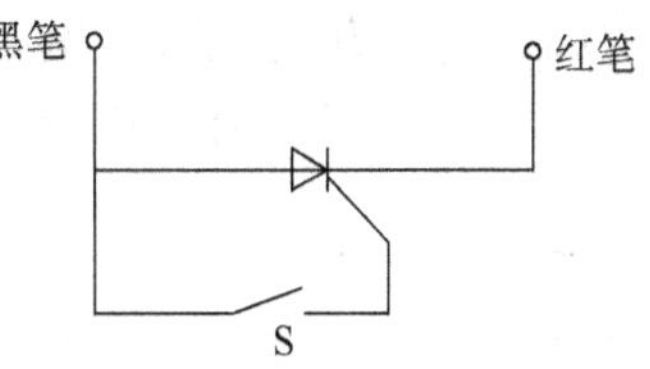

图 5－14　晶闸管的检测

技能训练七：单相晶闸管可控整流电路实验

1. 实验目的

(1) 熟悉主电路和触发电路的基本结构和两电路的连接方法。

(2) 观察电路中各点波形和改变导通角与输出电压的关系。

2. 实验电路（见图 5－15）

3. 实验仪器

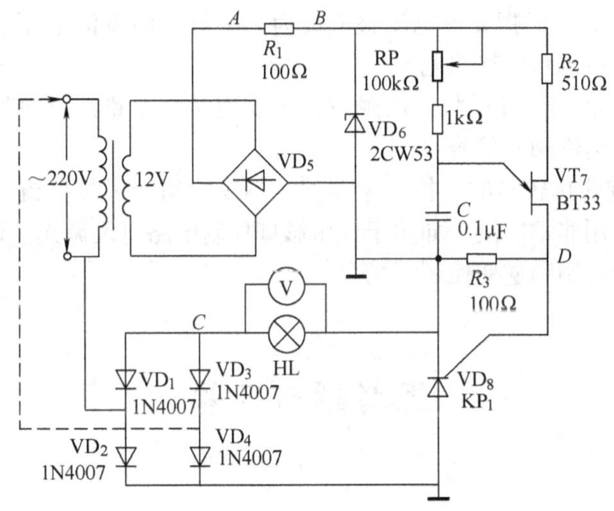

图 5－15　单相晶闸管可控整流实验电路

(1) 示波器。

(2) 万用表。

4. 实验内容和步骤

(1) 根据图 5－15 所示实验电路连好线，检查无误后，通电进行实验。

(2) 将电位器 RP 的触头大致置于中间位置，用示波器分别观察 A、B、C、D 各点的电压波形，填入表 5－1 中。

(3) 观察导通角与输出电压的关系，调节 RP 阻值分别为：①R_{RP}最小值，②$0.5R_{RP}$，

③R_{RP}最大值时，观察灯泡 HL 相对应的发光亮度，并记录此时灯两端的电压 U_{HL}值。

（4）本实验接通电源后，电路带电（交流 220V），要注意操作安全。

表 5-1

	A	B	C
波形			

表 5-2

R_{RP}	U_{HL}值	亮度
R_{RP}最小值		
$0.5R_{RP}$		
R_{RP}最大值		

本 章 小 结

1. 晶闸管是一种新颖的半导体器件，有单向和双向两大类。晶闸管的导通条件是，阳极电位高于阴极电位，同时门极与阴极间要加适当的正向电压。晶闸管导通后，门极便失去控制作用。要使导通的晶闸管关断必须使阳极电流小于维持电流。

2. 可控整流电路，可以把交流电压整流成为大小可调的直流电压。它是通过改变晶闸管的导通角来调节整流电路的输出电压。

3. 晶闸管从阻断状态到导通状态的触发，需要用触发电路，单向晶闸管常用单结晶体管组成的触发电路，提供触发信号。

4. 晶闸管是目前应用较多的可控功率器件，不仅能用于可控整流，而且还是有无触点开关的作用，因而应用非常广泛，如用于音乐彩灯控制电路以及调光、调速、调温等交流调压电路，大功率变频控制和逆变控制等场合。

思考题与习题

1. 什么是晶闸管？它与硅整流二极管相比较，有哪些相似和不同之处？晶闸管有哪些运用？

2. 晶闸管的结构有什么特点？其导通条件是什么？

3. 导通后的晶闸管关断的条件是什么？断态时，晶闸管承受的电压大小决定于什么？

4. 怎样用万用表区分晶闸管的阳极、阴极和门极？如何简单判别晶闸管的好坏？

5. 某晶闸管型号规格为 KP200—18F，请说明型号规格中各项所代表的含义。

6. 晶闸管以几毫安、几十毫安小电流去控制几十、几百安甚至上千安大电流，相当于有几万、几十万倍放大率，能不能也像普通晶体管一样构成放大器？

7. 有一电阻性负载，需要直流电压 60V、电流 30A，现采用单相半波可控整流电路，直接由220V电网供电。试计算晶闸管的导通角、电流的有效值。

8. 有一电阻性负载，需要可调直流电压 $U_0=0\sim60\text{V}$、电流 $I_0=0\sim30\text{A}$，现采用单相半控桥式整流电路，试计算变压器的二次电压。

9. 图5-16所示是一种晶体管时间继电器的电路，在此，晶闸管为一个开关，试分析电路的工作原理。

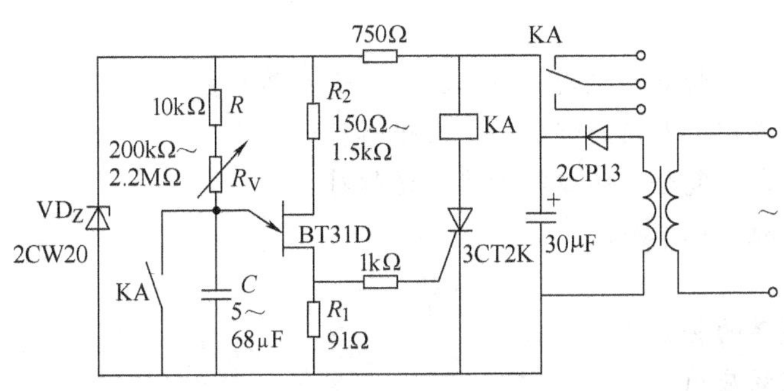

图 5-16

10. 为什么晶闸管整流电路的触发电路必须与主电路同步？

11. 画出电阻负载的单相半波可控整流主电路，试说明“可控”整流是如何实现的？

12. 一般蓄电池在充电时如果电压已上升到最大值（例如6V蓄电池升到7.5V；12V蓄电池升到15V），还继续用大电流恒流充电，会造成铅极板弯曲损坏。图5-17是一个带有晶闸管自动过电压保护的充电器主电路。试分析这个电路的工作原理

13. 触发器必须具备哪几个基本环节？可控整流为什么要求同步触发？单结管触发器怎样实现同步。

14. 画出单结管的内部结构图，说明如何用万用表从外形相似的三端半导体器件（例如BT31系列单结晶体管与普通晶体管）中，找出单结晶体管并判明其管脚极性？

15. 图5-18为晶闸管防盗报警器电气原理图，试说明当AB导线（作警戒用）被弄断时，报警器为什么会发声报警？

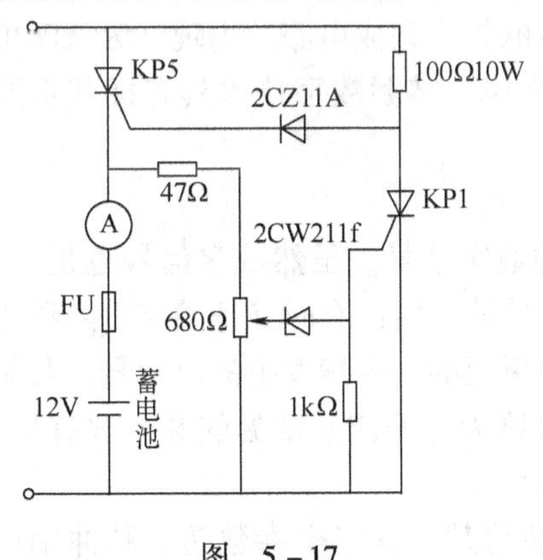

图 5-17

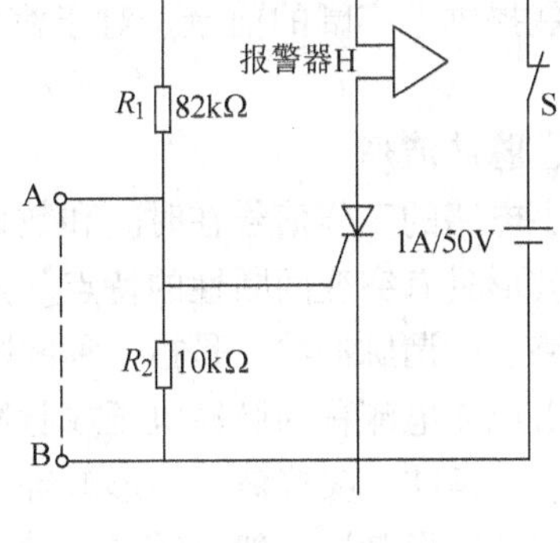

图 5-18

16. 分析图5-11所示高能电子点火器电路的工作原理。

17. 分析图5-13所示可控充电器电路的工作原理。

18. 分析图5-12所示晶闸管刮水器控制电路的工作原理。

第六章　数字电路基础

学习要点

1. 了解数字电路的特点及应用，熟知脉冲波形及其参数。
2. 掌握与门、或门、非门的逻辑功能及逻辑符号。
3. 了解与非、或非复合门的逻辑功能和逻辑符号。
4. 掌握逻辑代数的基本公式。

教学难点

1. 各种逻辑关系的含义。
2. 基本逻辑门的应用。

第一节　数字信号概述

电子技术中的工作信号分为两大类：一类是随时间连续变化的，称为模拟信号，如图6－1a所示，另一类是不连续变化的脉冲信号，称为数字信号，如图6－1b所示。处理模拟信号的电子电路称为模拟电路，如交流放大器，振荡电路等。处理数字信号的电子电路称为数字电路。

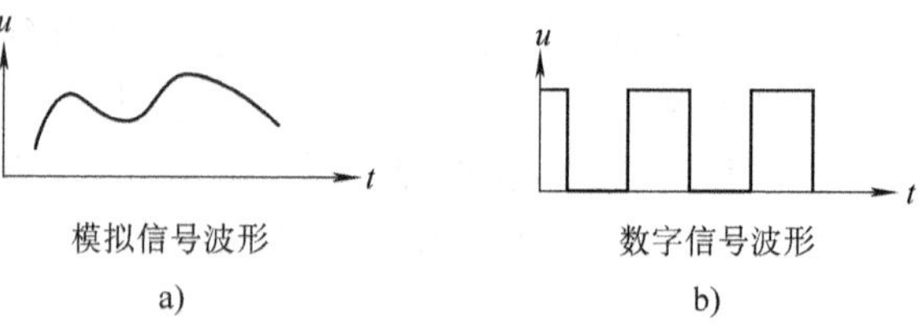

图6－1　模拟信号和数字信号

数字电路广泛应用于数字通信、计算机、数字仪表、汽车、工业自动化工程中，数字电路具有很高的可靠性和标准性，特别是具有各种功能的数字集成电路的出现，为汽车电子技术的发展提供了广阔的前景。对于汽车专业的学生来说，掌握数字技术具有极其重要的意义。

一、脉冲波形

数字电路的工作信号在时间和数量上都是离散的数字信号。虽然数字信号也是电信号，但它的波形具有突变间断性的特点。这种波形称为脉冲波，所以有时又把数字电路称为脉冲数字电路。所谓脉冲波，是指一种间断的、持续时间极短的、突然发生的电信号。凡是断续出现的电压或电流称为脉冲电压或脉冲电流，都可以称为脉冲波。常见的脉冲波有矩形波、锯齿波、三角波、尖峰波、梯形波等，如图6－2所示。

理想的矩形脉冲一般只需要三个参数便可以描述清楚。这三个参数是：脉冲幅度 U_m、脉冲重复周期 T 和脉冲宽度 t_a，如图6－3所示。今后所遇到的矩形脉冲一般可视为理想的波形，只在某些情况下考虑脉冲边沿不陡峭造成的影响。

数字电路是利用脉冲的有无以及脉冲的多少代表某种特定的信息或数量。如果脉冲的“有”、“无”分别用“1”和“0”代表，并规定每一个“1”或“0”有相同的时间间隔，那么一串脉冲就变成了一串由“1”和“0”组成的数码，如图6－4所示，这种脉冲信号便可称为数字脉冲信号，简称数字信号。

由于数字电路的输出信号与输入信号之间存在一定的逻辑关系，所以数字电路又称为逻辑电路，而把电路的两种状态分别称为逻辑“1”和逻辑“0”。

在数字电路中，输入、输出逻辑量均用电压实现（电位、电平）虽然它是模拟量，但经人为措施限制，它仅有两种状态值，即高电平和低电平，当然，高、低电平不可能限制成某一绝对准确值，而是允许有一定的误差范围。在逻辑设计中如果规定1表示高电平，0表示低电平，称这种体制为正逻辑体制，如图6－5a所示；反之，如果规定1表示低电平，0表示高电平，则称负逻辑体制，如图6－5b所示。教学过程中习惯采用正逻辑体制。

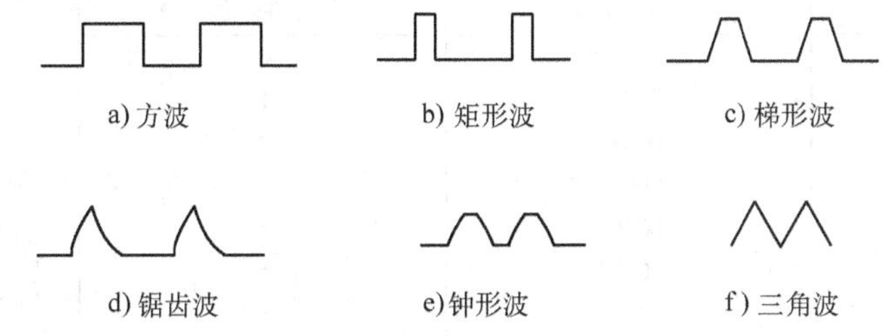

图6－2　常见的脉冲波

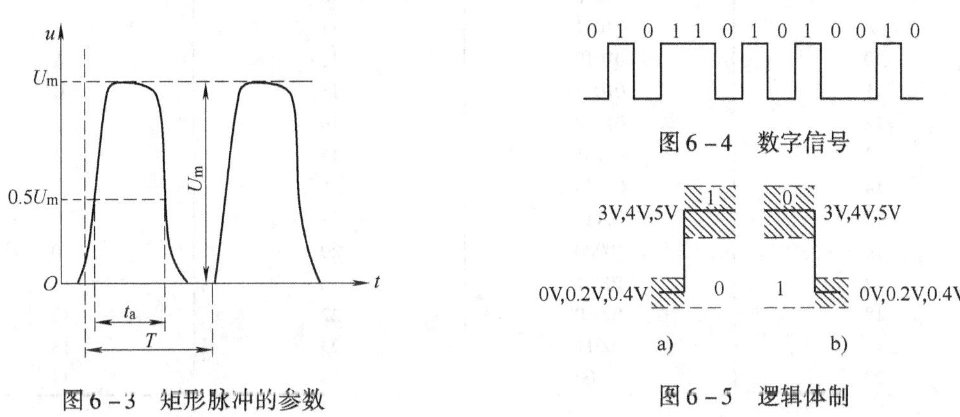

图6－3　矩形脉冲的参数

图6－4　数字信号

图6－5　逻辑体制

二、数的进制

数字电路中常会遇到计数问题。在日常生活中人们惯用十进制数，而在数字电路系统中多采用二进制数，有时也采用八进制数或十六进制数等。这些数制所采用的数字符号称为数码，某种数制所采用数码的个数称为基数。

1. 二进制数的表示法

常用的十进制数，由0，1，2，3……9共十个数码组成，基数为十，逢十进一。二进制数只有两个数码，以“0”和“1”表示，基数为二，逢二进一。十进制数 $(12)_{10}$ 用二进制数可表示为 $(1100)_2$，$(108)_{10}$ 可表示为 $(1101100)_2$，不论是何种进制数，排列时均从低位向高位依序排列，低位在右，高位在左。

2. 二进制数与十进制数据和换算

二进制数第一位“1”对应十进制数的值，称为这一位的“权”。从低位算起，二进制数整数第一位（右边最低位）的权为 2^0，第二位是 2^1，第三位是 2^2，……第n位的权是 2^{n-1}。

把二进制数中为 1 的那位的权相加起来，所得到的值便是它所对应的十进制，例如：

$$(101)_2 = 1 \times 2^2 + 0 \times 2^1 + 1 \times 2^0 = (5)_{10}$$

$$(1101100)_2 = 1 \times 2^6 + 1 \times 2^5 + 0 \times 2^4 + 1 \times 2^3 + 1 \times 2^2 + 0 \times 2^1 + 0 \times 2^0$$

$$= 64 + 32 + 8 + 4$$

$$= (108)_{10}$$

3. 几种数制之间的吩应关系

几种数制之间的对应关系，如表 6－1 表示。

表 6－1　几种数制的对应关系

十进制数	二进制数	八进制数	十六进制数
0	00000	0	0
1	00001	1	1
2	00010	2	2
3	00011	3	3
4	00100	4	4
5	00101	5	5
6	00110	6	6
7	00111	7	7
8	01000	10	8
9	01001	11	9
10	01010	12	A
11	01011	13	B
12	01100	14	C
13	01101	15	D
14	01110	16	E
15	01111	17	F
16	10000	20	10
17	10001	21	11
18	10010	22	12
19	10011	23	13
20	10100	24	14

4. BCD 码

用四位二进制数码表示十进制数字 0～9 称为二到十进制编码，简称 BCD 码。BCD 码的编码方案很多，如果四位二进制数从高到低的权值分别是 8、4、2、1，则称为 BCD8421 码。

表 6－2 是二进制数和 BCD8421 码的对照表。由 BCD 码变成十进制数或由十进制数成为 BCD 码都比较方便，因而在数字电路中应用较广。

表 6－2　二进制数和 BCD8421 码对照表

十进制数	二进制数	BCD8421 码	十进制数	二进制数	BCD8421 码
0	0000	0000	5	0101	0101
1	0001	0001	6	0110	0110
2	0010	0010	7	0111	0111
3	0011	0011	8	1000	1000
4	0100	0100	9	1001	1001

第二节　逻辑门电路

在数字电路中，实现逻辑运算功能的电子电路称门电路。可以用开关、继电器触点来实现，半导体器件出现后，可用它们的分立元件组成门电路。半导体集成件出现后，多采用价廉物美的集成门电路。

各种逻辑门电路是组成数字电路的基本单元，基本的逻辑门电路有：与门、或门和非门。下面介绍门电路的实现。

一、基本逻辑门

1. 二极管组成的与门

二极管组成的与门电路和逻辑符号如图6－6所示。设输入信号高电平为1（＋6V）低电平为0（0V）讨论各种不同输入时的输出情况。

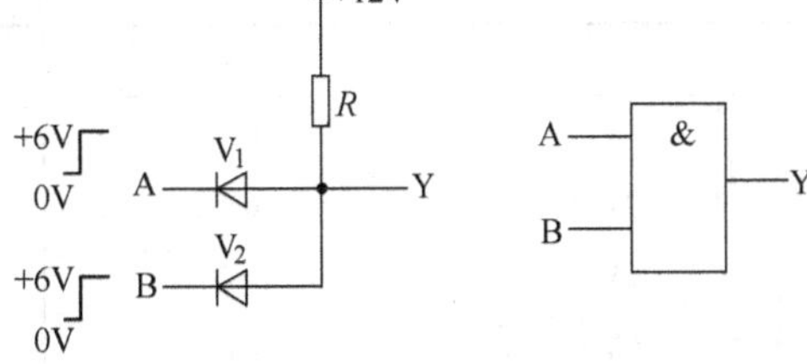

图6－6　二极管组成的与门及符号

（1）A，B端均输入低电平，即 $u_A=u_B=0$。这时 V_1，V_2 都导通，输出端Y被箝位于0.7V。

（2）A，B端任一个输入高电平，如设 $u_A=6V$，$u_B=0V$。这时 V_2 导通，输出端Y被箝位于0.7V，使 V_1 截止。

（3）A，B端均输入高电平，即 $u_A=u_B=6V$。这时 V_1，V_2 都截止，输出端Y被箝于6V。

把各种情况的输入输出的逻辑值填于表6－3中，由表可推出与运算的状态表（真值表）表6－4。从表6－4真值表可以得到与门逻辑关系为：Y＝A·B。

表6－3　与门功能表

u_A	u_B	u_Y	V_1	V_2
0V	0V	0.7V	导通	导通
0V	6V	0.7V	导通	截止
6V	0V	0.7V	截止	导通
6V	6V	6V	截止	截止

如电路多接几个共阳极二极管，则构成多端与门电路。逻辑符号如图6－7所示，逻辑关系为Y＝ABCD。

表6－4　与门真值表

A	B	Y
0	0	0
0	1	0
1	0	0
1	1	1

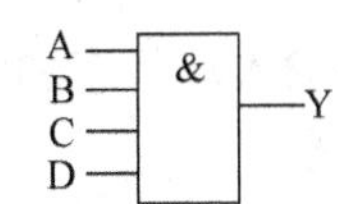

图6－7　多输入端与门符号

2. 二极管组成的或门

二极管组成的或门电路和逻辑符号图如图6－8所示。下面是各种不同输入时的输出情况：

（1）A，B端均输入低电平，即 $u_A = u_B = 0V$。由于电路用负电源供电，故 VD_1，VD_2 都导通，输出端Y为0V。

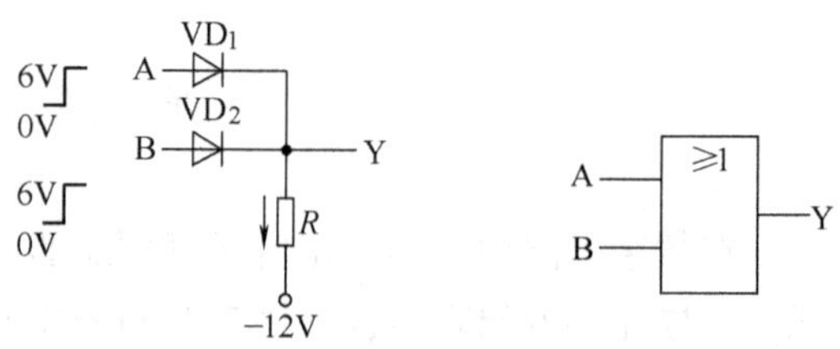

图6－8　二极管组成的或门及符号

（2）A，B端任一个输入高电平（设 $u_A = 6V$），另一个输入低电平（设 $u_B = 0V$）。这时 VD_1 导通，输出端Y为5.3V，VD_2 反偏截止。

表6－5　或门功能表

u_A	u_B	u_Y	VD_1	VD_2
0V	0V	0V	导通	导通
0V	6V	5.3V	截止	导通
6V	0V	5.3V	导通	截止
6V	6V	5.3V	导通	导通

（3）A、B端均输入高电平，即 $u_A = u_B = 6V$。这时 VD_1，VD_2 均导通，输出端Y为5.3V。

表6－6是或门逻辑状态真值表，故或门的逻辑关系为Y＝A＋B。

如电路多接几个共Y阴极二极管，则构成多端或门电路。逻辑符号图如图6－9所示，逻辑关系为Y＝A＋B＋C＋D

表6－6　或门真值表

A	B	Y
0	0	0
0	1	1
1	0	1
1	1	1

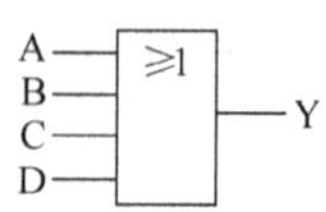

图6－9　多输入端或门符号

3. 晶体管非门

晶体管非门电路和逻辑符号如图6－10所示。非门电路不同于放大电路，高电平6V输入时，晶体管处饱和状态，输出Y为0V。当低电平0V输入时，晶体管截止，则Y输出被箝位于 $+U_G$。

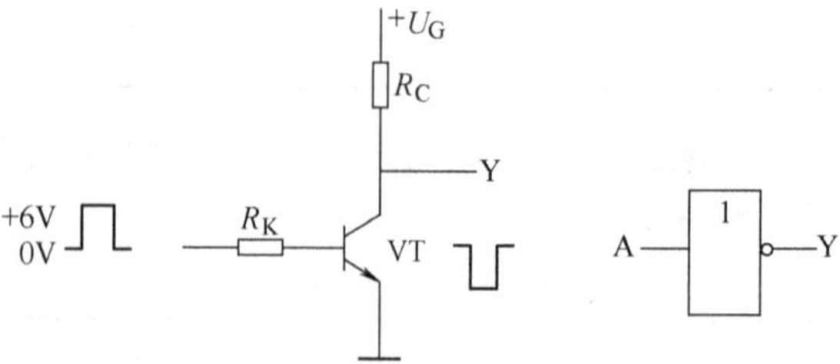

图6－10　晶体管组成的非门及符号

设高电平为1，低电平0V为0，得到表明逻辑非门电路输入端状态和输出端状态逻辑对应关系的真值表如表6－7，表6－8，非门逻辑关系为 $Y = \overline{A}$。

二、复合逻辑门

以不同的基本逻辑门配搭联系起来，可组成多种常用的复合门。

1. 与非门

表6-7 非门功能表

U_A	VT
0V	截止
6V	导通

表6-8 非门真值表

A	Y
0	1
1	0

与门的输出端接一个非门，使与门的输出状态取反，就组成一个与非门，如图6-11所示。

与非门真值表如表6-9，与非门逻辑表达式为：$Y=\overline{A\cdot B}$

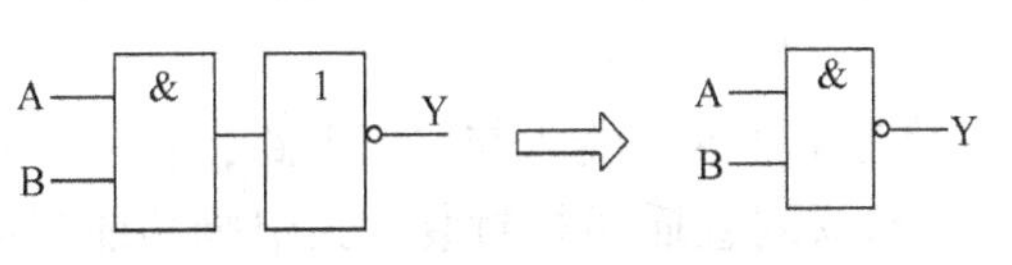

图6-11 与非门的结构及符号

表6-9 与非门真值表

A	B	A·B	$\overline{A\cdot B}$
0	0	0	1
0	1	0	1
1	0	0	1
1	1	1	0

2. 或非门

在或门后面接一个非门，使或门的输出状态取反，就组成一个或非门，如图6-12所示。

或非门真值表如表6-10，或非门逻辑表达式为：$Y=\overline{A+B}$

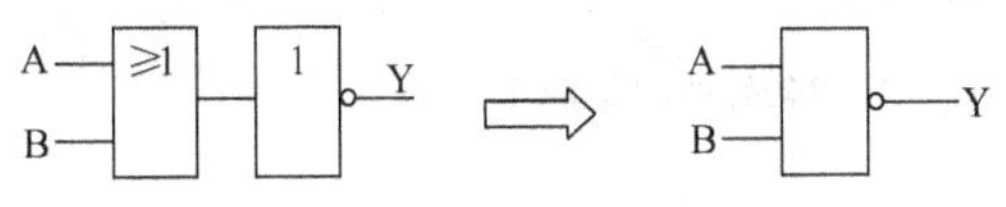

图6-12 或非门的结构及符号

表6-10 或非门真值表

A	B	A+B	$Y=\overline{A+B}$
0	0	0	1
0	1	1	0
1	0	1	0
1	1	1	0

第三节 集成逻辑门电路

用单个电子器件组成的门电路称分立元件的门电路，这种电路使用元件多、焊接点多、可靠性差、体积大、功耗也大，使用不便，因此在数字设备中一般极少采用，而广泛采用集成电路。集成电路分为模拟集成电路和数字集成电路两类，门电路属于数字集成电路。集成门电路可以由晶体管为主要元件组成，这种电路为晶体管-晶体管逻辑电路，简称TTL电路；也可以由绝缘栅型场效应管为主要元件组成，这种电路为金属氧化物-半导体场效应管逻辑电路，简称为MOS电路。

TTL集成电路的特点是运行速度较高、负载能力较强、工作电压低、工作电流较大。MOS集成电路的特点是集成度高、功耗小和工作电压范围较宽。下面对这两种门电路分别进行介绍。

一、74系列TTL门电路

74系列集成电路是应用广泛的通用数字逻辑电路，它包含各种TTL门电路和其他逻辑功能的电路，现行国家标准规定，该系列集成电路的型号由五部分构成，以CT74LS04CP为例，其型号意义为：

第一部分是字母 C，表示中国国标产品；

第二部分是分类型，如 T 表示 TTL 电路；

第三部分是系列代号，如 54/74LS04，74 表示国际通用 74 系列，54 表示军用产品；LS 表示低耗肖特基系列；04 为产品序号；

第四部分是工作温度，C 为 0～70℃，G 为 -25～70℃，L 为 -25～85℃，E 为 -40～85℃，R 为 -55～85℃，M 为 -55～125℃（只出现在 54 系列中）。

第五部分是封装形式，P 表示塑料封装双列直插式，J 为黑瓷封装双列直插式。

74 系列集成电路通常为双列直插式，根据其功能不同，有 8～24 个引脚，其引脚排列顺序如图 6-13 所示。规定从缺口下方开始，按从左至右顺序排列，上方按从右至左顺序排列。

74 系列门电路种类很多，例如 CT74LS00 是一种常见的四二输入与非门电路，在一块集成电路上集成了四个彼此独立的与非门，并采用 14 脚双列直插塑料封装，其引脚功能如图 6-14 所示。

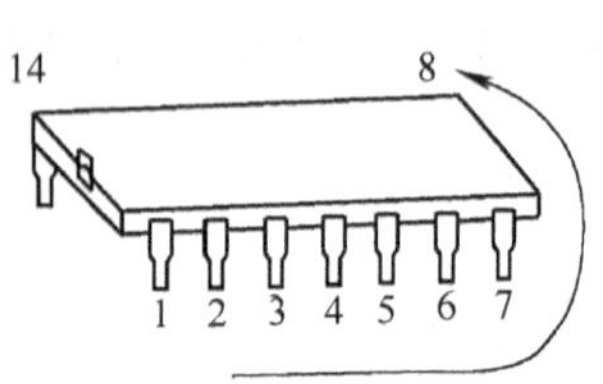

图 6-13　集成电路外形图

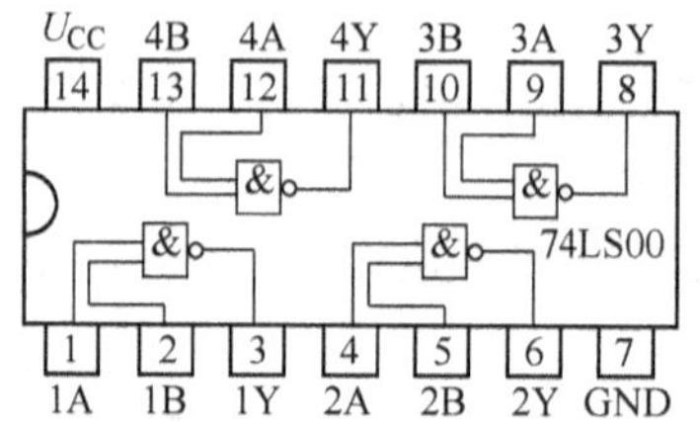

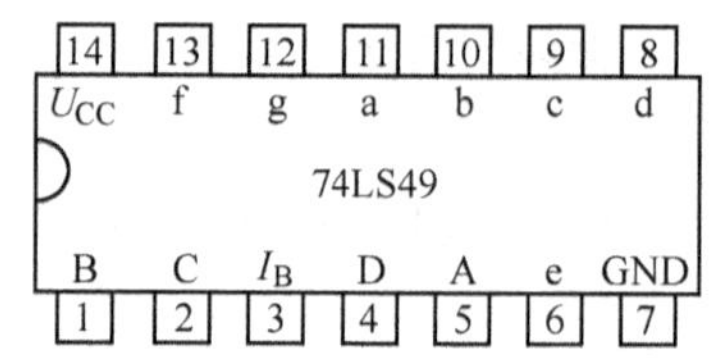

图 6-14　74 系列门集成电路

二、40 系列集成门电路

40 系列集成门电路为 CMOS 电路，CMOS 数字电路有三个系列产品：

1. 4000B 系列：该系列数字集成电路为国际通用标准系列，是 20 世纪 80 年代 CMOS 代产品之一。该系列数字电路功耗很小，价格低，但工作速度较低。4000 系列数字集成电路品种繁多，功能齐全，现在仍被广泛应用，门电路仅是其中的一部分。

2. 40H××系列：该系列数字集成电路为国际 CC41H××系列，其特点是工作速度较高，但品种较少，使用不多，引脚功能与 74 系列 TTL 电路同序号品种相同。

3. 74HC××系列：该系列数字电路是目前 CMOS 产品中应用最广泛的品种之一，性能比较优越，功耗低，速度高，引脚功能与 74 系列 TTL 电路同序号品种相同。

40 系列 CMOS 门电路的种类也很多，CD4001 是一种常用的四二输入或非门，采用 14 脚双列直插塑料封装，其引脚功能如图 6-15 所示。各不同厂商的产品只要序号 4001，其引脚功能就相同。

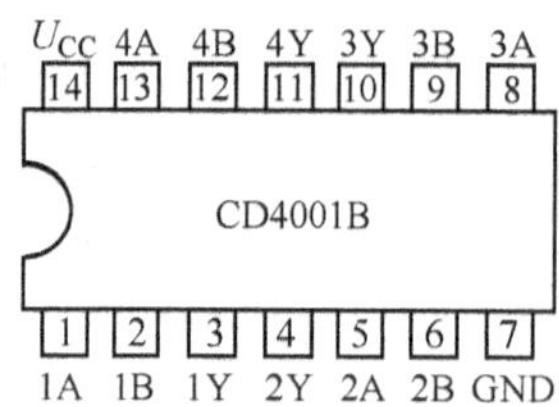

图 6-15　40 系列门集成电路

第四节　门电路应用举例

一、表决器电路

在举重比赛中，有三名裁判，一名主裁判和两名副裁判。每名裁判面前各有一个按钮，分别为A、B、C。只有当三名裁判都按下自己面前的按钮，或者有两名裁判（其中一名必须是主裁判）按下自己面前的按钮时，指示灯才亮，表示运动员的成绩给予通过。试设计这样一个逻辑电路。

分析：灯的状态是输出结果，三名裁判控制的按钮是三个输入信号，即A、B、C。要灯亮必须$A=$ “1”，而B、C两者可以其中一个为“1”，所以B、C之间是“或”的逻辑关系。A与B、C是“与”的逻辑关系，并且是先“或”后“与”的逻辑顺序。该电路逻辑图如6－16所示。

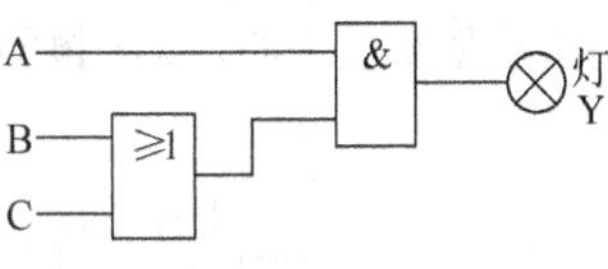

图6－16　表决器电路逻辑图

二、定时开关

由CMOS与非门组成的定时开关电路如图6－17所示，按下SB时，CMOS与非门A输出为0，与非门B有0出1，加到PNP管使之截止，此时电容C充电，迅速充电至6V，松开SB后，门A输出1，门B由于电容C高电平，故全1出0，PNP管导通，继电器线圈得电，其触点控制电器动作。待电容C经5.1M电阻放电至低电平时，门B有0出1，PNP管关断继电器释放。定时时间由0.5s可调至20min。

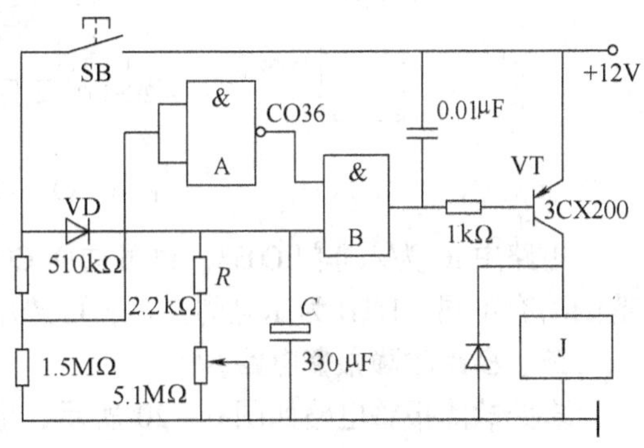

图6－17　CMOS与非门组成的定时开关电路

三、电源过压、欠压报警电路

电源过压、欠压报警电路如图6－18所示。CMOS或非门由12V电源降压至8V供电。调整两电位器抽头L和H，使在电源正常12V时L＝1，H＝0。则门A有1出0，门B全0出，PNP管关断。电源高至13.5V时，H＝1，L＝1。门A仍有1出0，B则因H＝1而出0，PNP管导通，发光二极管亮，报警。电源降至10.5V时，H＝0，L＝0。门A全0出1，门B有1出0，PNP管导通，发光二极管亮，报警。电容0.22μF抗干扰用。

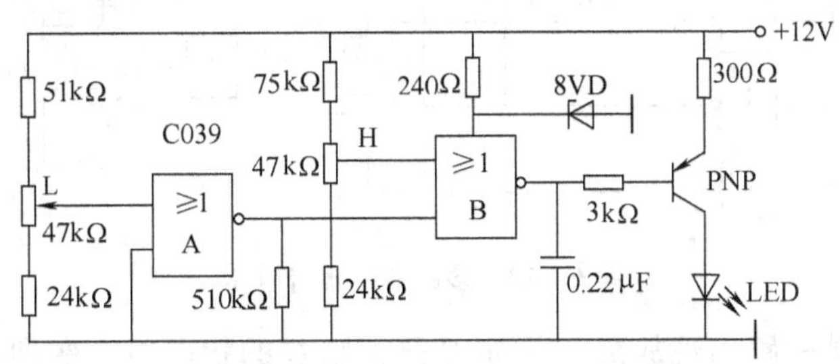

图6－18　电源过压、欠压报警电路

四、散热器水位过低报警器

汽车散热器中水量的减少，不仅直接影响发动机的冷却，也影响着汽车的正常运行。本报警器能在散热器水位处于最低时发出声光双重报警，以便及时提醒驾驶员加水。如图 6-19，散热器内放入一根铜棒制作的探测器，其直径可根据实际情况选定，一般选用 ϕ2mm 的漆包线即可。探测器的下端应置于水箱最低水位处，不能与散热器体相碰，散热器体是搭铁接地的。当散热器有水时，1 脚为低电平，2、3 脚为高电平，4、5 脚为低电平，6、9 脚为高电平，绿色指示灯亮；当水箱水位低于最低水位时，1 脚为高电平，2、3 脚为低电平，4、5 脚为高电平，6、9 脚为低电平，红色指示灯亮，表示水箱缺水，此时由 IC_{1e}、IC_{1f}组成的多谐振荡器使 HTD 发出报警声。

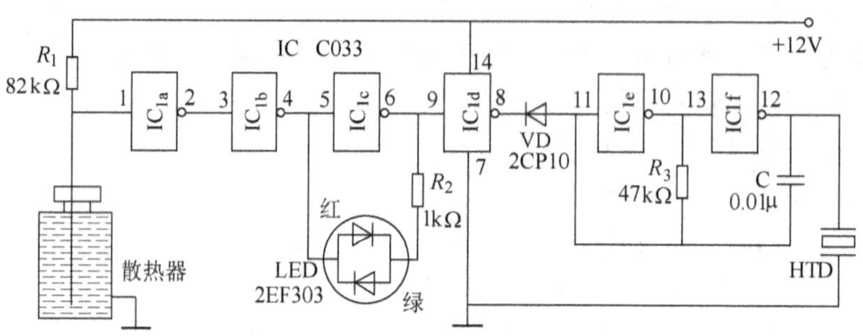

图 6-19　水箱水位过低报警器

电路中 IC 为六非门 C033，也可选用 CC4069、C003、C063 等，但应注意它们的工作电压范围略有不同。HTD 为压电陶瓷片，可选用 HTD-27A-1 型。其他元件均无特殊要求。

五、多路故障报警电路

多路故障报警电路如图 6-20 所示，电气系统正常工作时，输入端 *A*、*B*、*C*、*D* 均为 1，表示油温、油压力、水位等参数均为正常。这时，(1) 晶体管 VT_1 处于导通状态；(2) 晶体管 VT_2 处于截止状态，蜂鸣器 DL 不响；(3) 各路指示灯 $L_A \sim L_D$ 全亮。

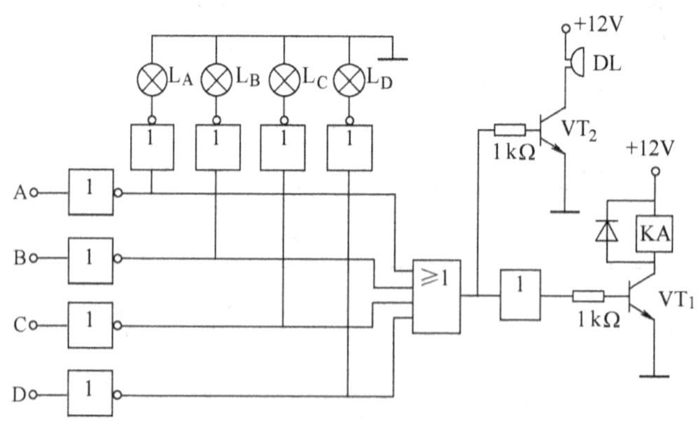

图 6-20　多路故障报警电路

若电气系统中某一路出现故障，例如 *C* 路，则 *C* 的状态由 1 变到 0，这时，(1) VT_1 截止；(2) VT_2 导通，蜂鸣器 DL 发出警报声；(3) 指示灯 L_C 熄灭，表示 *C* 路发生故障。

技能训练八：门电路功能的测试和转换

1. 目的和任务

（1）熟悉数字电子技术实验装置的功能，学会使用方法。

（2）熟悉并掌握 TTL 与非门逻辑功能的测试方法。

（3）学会用与非门组成其他门电路的方法。

2. 芯片介绍

本实验所用 74LS00 为四 2 输入与非门，其引脚排列如图 6－21 所示。TTL 门电路使用规则：电源 U_{CC}：+5（1±10%）V；输出严禁并联使用（OC 门、三态门除外）；输出不能直接接电源或地；不用的输入端悬空或接高电平。负载不能超过允许值。

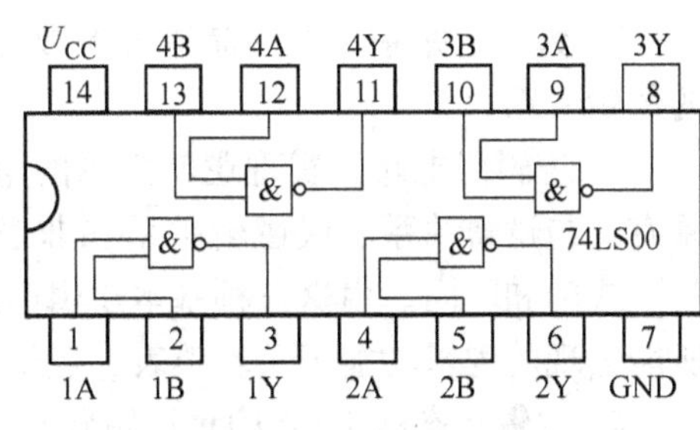

图 6－21　74LS00 引脚排列图

3. 实验仪器和器材

数字电子技术实验装置　　一台；

直流稳压电源　　一台；

TTL 与非门 74LS00　　一片；

万用表　　一块。

4. 实验内容和步骤

（1）与非门逻辑功能测试。在实验装置上找到 74LS00，如实验装置上无此门电路，可把 74LS00 插在实验装置的集成电路插座上，逻辑开关接与非门输入，与非门输出接发光二极管（逻辑电平显示器）。接通电源开始实验，将结果填入 6－11 表中，并用万用表测量高、低电平。

表 6－11　与非门逻辑功能测试记录

门 1			门 2			门 3			门 4		
输入		输出	输入		输出	输入		输出	输入		输出
1A	1B	1Y	2A	2B	2Y	3A	3B	3Y	4A	4B	4Y
0	0		0	0		0	0		0	0	
0	1		0	1		0	1		0	1	
1	0		1	0		1	0		1	0	
1	1		1	1		1	1		1	1	

（2）用与非门组成其他门电路。自拟实验步骤和表格，测试其逻辑功能。

1）用与非门组成非门。

2）用与非门组成 2 输入与门。

3）用与非门组成 2 输入或门。

4）用与非门组成 2 输入或非门。

本 章 小 结

1. 数字信号的数值相对于时间的变化过程是跳变的、间断性的。数字电路是处理在数值上和时间上不连续变化的数字信号的电路。

2. 数字电路中工作的晶体管多数工作在开关状态；研究对象是电路的输入与输出之间的逻辑关系。

3. 逻辑门电路是实现逻辑关系的电路，是构成数字电路的基本单元。最基本的逻辑关系有：与逻辑关系、或逻辑关系和非逻辑关系，而实现这些逻辑关系的门电路分别是：与门、或门和非门。由这三种基本逻辑门组合成的复合逻辑门有：与非门、或非门等。门电路所能实现的逻辑功能可用真值表、逻辑函数表达式、逻辑符号等方式描述。

4. 逻辑状态有 1、0 两种逻辑状态。用 1 表示高电平，用 0 表示低电平的逻辑体制为正逻辑；用 1 表示低电平，用 0 表示高电平的逻辑体制为负逻辑。

5. 二进制代码不仅可以表示数值，而且可以表示符号及文字，使信息交换灵活方便。BCD 码是用 4 位二进制代码代表 1 位十进制数的编码，有多种 BCD 码形式，最常用的是 BCD8421 码。

6. 逻辑代数是分析和设计数字电路的重要工具。利用逻辑代数，可以把实际逻辑问题抽象为逻辑函数来描述，并且可以用逻辑运算的方法，解决逻辑电路的分析和设计问题。

7. TTL 电路的优点是开关速度较高，抗干扰能力较强，带负载的能力也比较强，缺点是功耗较大。CMOS 电路具有制造工艺简单、功耗小、输入阻抗高、集成度高、电源电压范围宽等优点，其主要缺点是工作速度稍低，但随着集成工艺的不断改进，CMOS 电路的工作速度不断提高。

思考题与习题

1. 什么是二进制？二进制数中 0 和 1 与逻辑门电路中的 0 和 1 含义是否相同？为什么？

2. 将下列二进制数转换成十进制数。

$(11001)_2$　　$(10101101)_2$　　$(11011011)_2$

3. 将下列十进制数转换成二进制数。

99 =　　98 =　　130 =

4. 试用 BCD 码表示下列十进制数。

（1）98　　（2）123　　（3）64

5. 画出符合 $Y=\overline{A}C+BC$ 的逻辑电路图。

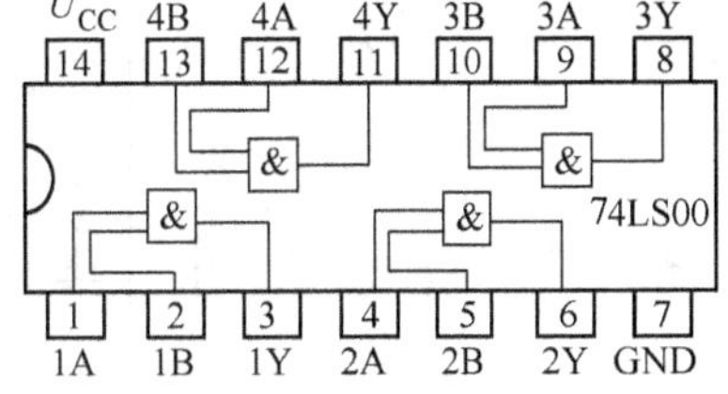

图 6-22

6. 应用与非门集成电路74LS00（图6-22）实现Y = ABCD，使用5V的稳压电源，试画出集成电路引脚的接线图。

7. 如果A = 1，B = 0，C = 0，求下列逻辑表达式的值。

（1）$Y = \overline{A} + BC$

（2）$Y = ABC$

（3）$Y = A(B + C)$

（4）$Y = AB + AC$

8. 用“与”、“或”、“非”门实现如下逻辑表达式。

（1）$Y = \overline{A} + AB$

（2）$Y = AB + AC$

（3）$Y = AB + CD$

（4）$Y = (\overline{A + B})(A + C)$

9. 图6-23所示为三个门电路与其输入信号波形，试分别画出相应的输出波形。

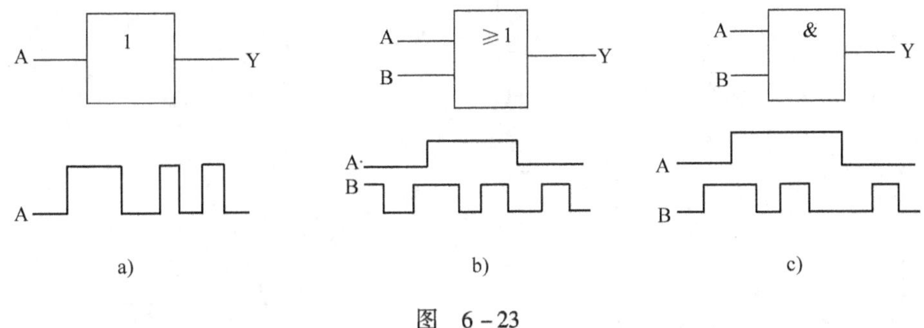

图 6-23

10. 三输入端与门如图6-24所示，试写出图6-24a中输出端Y的逻辑函数表达式；若图6-24b中3个输入端都接到+5V电源端，Y = ? 若图6-24c中3个输入端都接到地，Y = ?

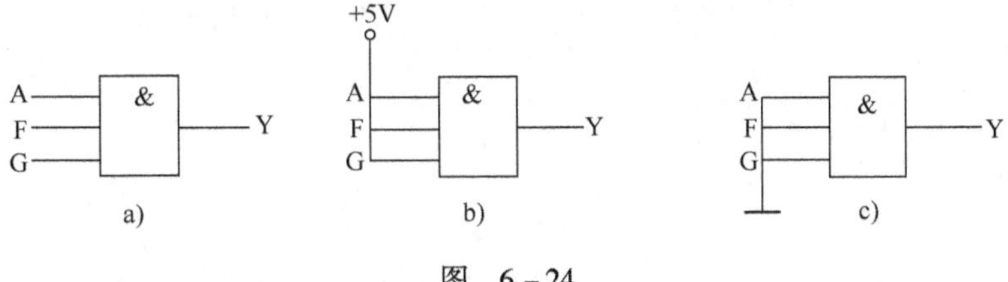

图 6-24

11. COMS门电路与TTL门电路比较有什么优点？

12. 根据图6-25的电路，写出电路逻辑表达式。

13. 分析图6-17定时开关电路的工作原理。

14. 分析图6-18电源过压、欠压报警电路的工作原理。

15. 分析图6-19散热器水位过低报警器电路的工作原理。

16. 分析图6-20多路故障报警电路的工作原理。

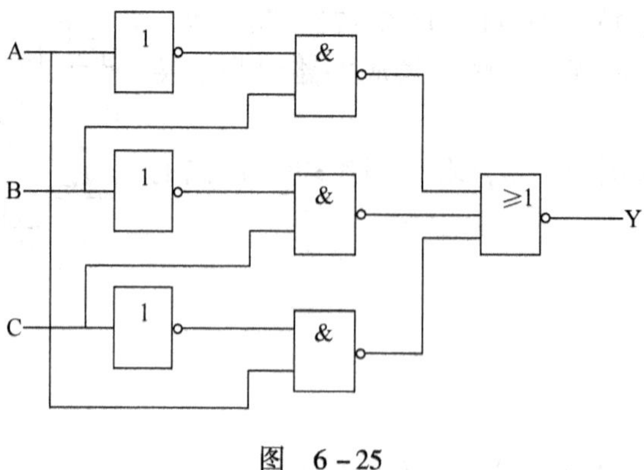

图 6-25

第七章　数字电路基本器件

学习要点

1. 掌握基本 RS 触发器的组成和工作原理。

2. 掌握 JK 触发器、D 触发器、T 触发器的逻辑功能

3. 掌握数据选择器，数据分配器集成电路的逻辑功能和使用方法

教学难点

1. 基本 RS 触发器电路组成、工作原理。

2. 集成触发器的应用。

第一节　集成触发器

门电路的输出是依赖于输入的，当输入信号消失时，输出也就消失了。但是，在许多场合下，我们需要把信号储存起来，这就要求有一种记忆装置，这种装置的基本单元叫触发器。

一、基本 RS 触发器

1. 电路组成

用两个与非门（G_1 和 G_2）即可组成一个最简单的触发器，见图 7 - 1a。这是一种有自保持功能的电路。通过自保持，电路可以稳定地锁存于 Q = 1 或 0 的状态，所以又叫“双稳态”电路。“双稳态”中的两个与非门是首尾相连的，接成一个闭合的环路，电路符号如图 7 - 1b 所示。

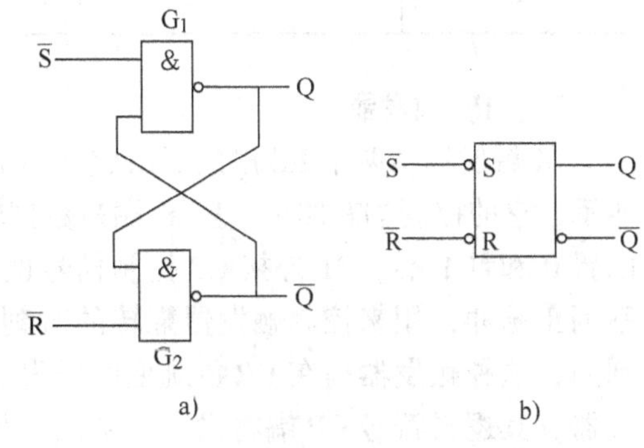

图 7 - 1　基本 RS 触发器的组成和符号

2. 工作原理及真值表

（1）$\overline{R}$ = 0、$\overline{S}$ = 1 时：由于 $\overline{R}$ = 0，不论原来 Q 为 0 还是 1，都有 $\overline{Q}$ = 1；再由 $\overline{S}$ = 1、$\overline{Q}$ = 1 可得 Q = 0。即不论触发器原来处于什么状态都将变成 0 状态，这种情况称将触发器置 0 或复位。R 端称为触发器的置 0 端或复位端。

（2）$\overline{R}$ = 1、$\overline{S}$ = 0 时：由于 $\overline{S}$ = 0，不论原来 Q 为 0 还是 1，都有 Q = 1；再由 R = 1、Q = 1 可得 $\overline{Q}$ = 0。即不论触发器原来处于什么状态都将变成 Q = 1 状态，这种情况称将触发器置 1 或置位。$\overline{S}$ 端称为触发器的置 1 端或置位端。

（3）$\overline{R}$ = 1、$\overline{S}$ = 1 时：根据与非门的逻辑功能不难推知，触发器保持原有状态不变，即原来的状态被触发器存储起来，这体现了触发器具有记忆能力。

（4）$\overline{R}$ = 0、$\overline{S}$ = 0 时：Q = 1，不符合触发器的逻辑关系。并且由于与非门延迟时间不可能完全相等，在两输入端的 0 同时撤除后，将不能确定触发器是处于 1 状态还是 0 状态。所以触发器不允许出现这种情况，这就是基本 RS 触发器的约束条件。根据以上分析，基本 RS

触发器的真值表如表 7－1 所示。

3. 基本 RS 触发器的特点

(1) 触发器的次态不仅与输入信号状态有关，而且与触发器的现态有关。

(2) 电路具有两个稳定状态，在无外来触发信号作用时，电路将保持原状态不变。

(3) 在外加触发信号有效时，电路可以触发翻转，实现置 0 或置 1。

(4) 在稳定状态下两个输出端的状态和必须是互补关系，即有约束条件。

4. 用与非门接成基本 RS 触发器

基本 RS 触发器可由集成与非门构成，如 CD4011、CC4011 集成电路按图 7－2 接线，即可组成一个基本 RS 触发器。

表 7－1　基本 RS 触发器的真值表

$\overline{R}$	$\overline{S}$	Q
0	0	不定
0	1	0
1	0	1
1	1	不变

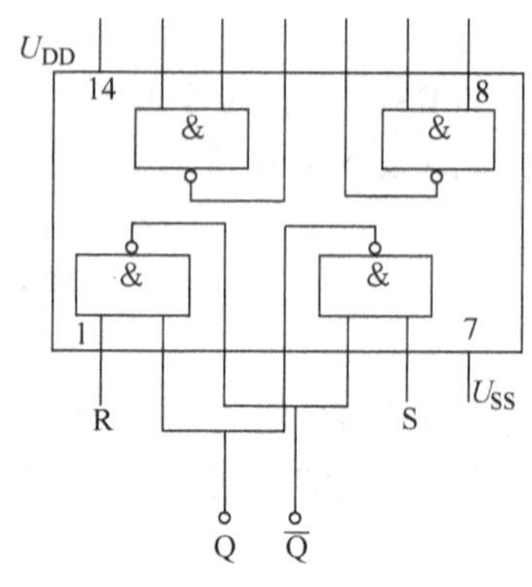

图 7－2　用与非门 CD4011 接成基本 RS 触发器

二、JK 触发器

JK 触发器由两个 RS 触发器组成（组成图略），其逻辑符号如图 7－3 所示，它的控制端有四个，J、K 端是数据输入端，$\overline{R_D}$ 和 $\overline{S_D}$ 分别是触发器的置 0 和置 1 端。C1 外接 CP 控制信号也称同步脉冲或同步信号，是一系列正脉冲，用来控制触发器翻转的时刻，其逻辑符号 CP 端有一个小圆圈，这种触发器是在 CP 负跳变时触发。也有 CP 正跳变触发的 JK 触发器，其逻辑符号 CP 端将没有小圆圈，如图 7－3 所示。

J 和 K 的作用则由编码确定。当 JK 编成 00 时，表示输出端 Q 保持原来的数；当 JK 编成 10 时，Q＝1；当 JK 编成 01 时，Q＝0；当 JK 编成 11 时，表示 Q 翻转，即 Q 原来是 1 态的，触发后变成 0 态，原来是 0 态的，触发后变成 1 态，以上特性示于表 7－2。

JK 触发器集成电路如图 7－4 所示，NC 表示空脚，双触发器以上的其输入、输出引脚符号前同一数字，表示属于同一触发器。U_{CC} 电源一般为 +5V，U_{DD} 电源一般为 +3～18V。

下降沿触发

上升沿触发

图 7－3　JK 触发器符号

三、D 触发器

D 触发器是由 JK 触发器演变来的，图 7－5a、b 分别是 D 触发器的逻辑电路和逻辑符号。D 触发器的控制端有三个，即 D 端、$\overline{R_D}$ 端和 $\overline{S_D}$ 端。其中 D 端是主要的控制端。当 D＝1 时，触发后输出成 1 态；当 D＝0 时，触发后输出成 0 态。D 触发器的上述特性归纳于表 7－3。在时钟脉冲作用后，触发器状态与 D 端状态相同，即：Q＝D。$\overline{R_D}$ 端和 $\overline{S_D}$ 端称为异步操作端（或直接置位复位端），平时都应处于高电平。当 $S_D=0$ 时，触发器即被强迫置 1，无论 CP 端是何状态；当 $R_D=0$ 时，触发器即被强迫复位，而不论 D 端是何状态。双触发器以上其输入、输出符号前为同一数字的，表示属于同一触发器。U_{CC} 电源一般为 +5V，U_{DD} 电源一般为 +3 ~ 18V。

表 7－2　JK 触发器的真值表

J	K	Q_n
0	0	不变
0	1	0
1	0	1
1	1	翻转

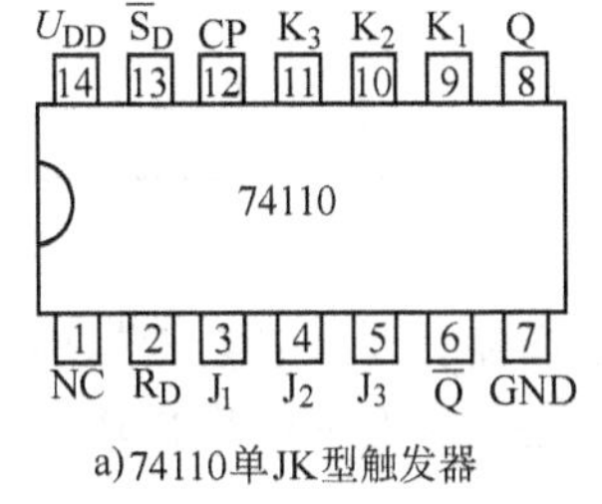

a) 74110单JK型触发器

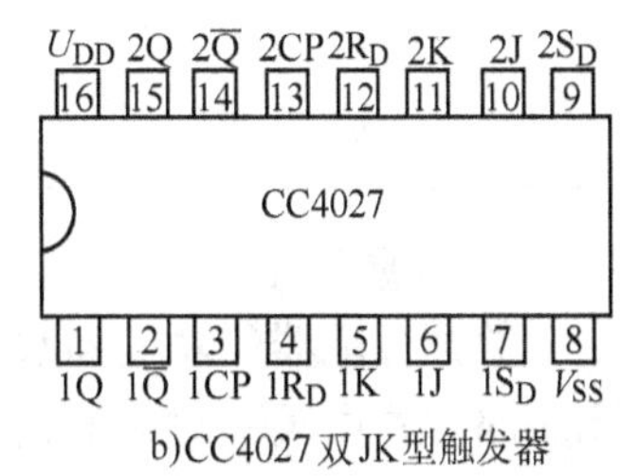

b) CC4027 双JK型触发器

图 7－4　JK 触发器集成电路

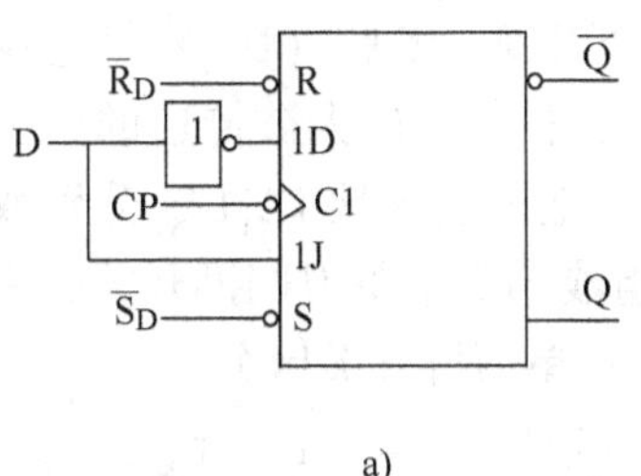

a)

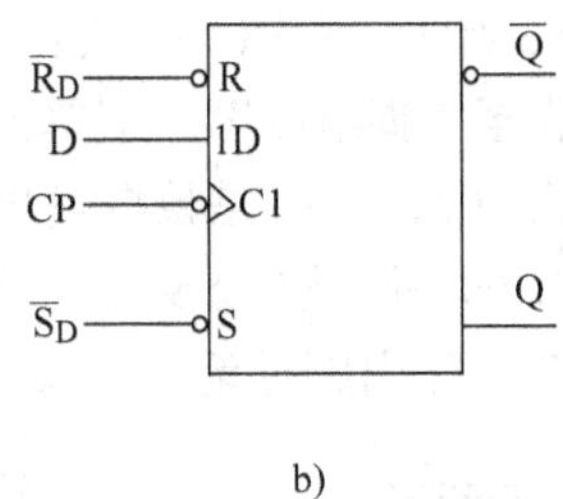

b)

图 7－5　D 触发器逻辑符号

表 7－3　D 触发器的真值表

D	Q
1	1
0	0

四、数据选择和数据分配器

1. 数据选择器

在数字电路中，常常需要从多路输入数据中选择其中一路送到数据总线上进行传送，能够实现这一功能的电路称为数据选择器，也称为多路调制器或多路开关。数据选择器广泛应用于数字仪表、计算机等程序控制电路中。常用的数据选择器有 2 选 1：CT54157、CT54158；4 选 1：CT54LS153、CT54LS353；8 选 1：CT74151；16 选 1：CT54150 等。4 选 1 数据选择器 CT74LS251 的功能示意图如图 7－6 所示。图中 $D_0 \sim D_3$ 为数据输入端，其个数称为通道数，本例中为 4 个通道。A_1、A_0 为地址输入端，根据 A_1、A_0 的取值，电路的输出选取 $D_0 \sim D_3$ 中的一个。ST＝1 时，选择器不工作，输出 Y＝0。4 选 1 数据选择器 CT74LS251 的外引脚排列如图 7－7a 所示，逻辑符号如图 7－7b 所示，逻辑功能说明见表 7－4。

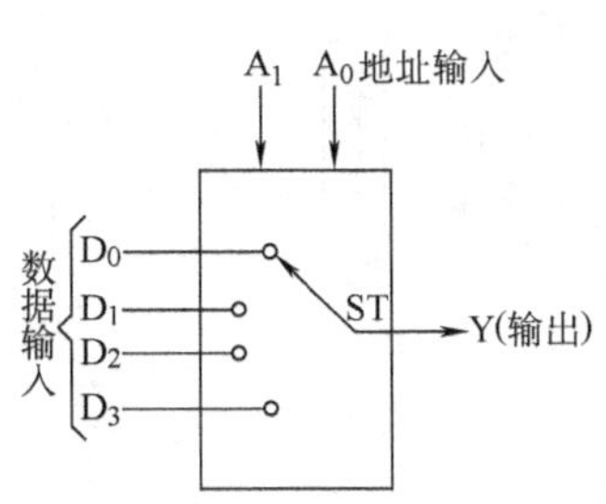

图 7－6　4 选 1 数据选择功能示意图

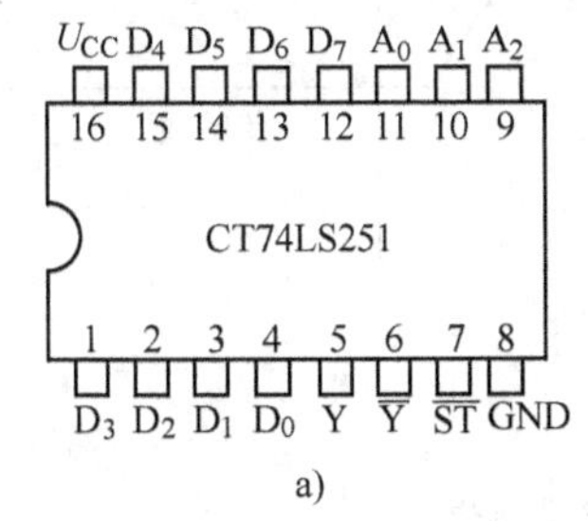

a)

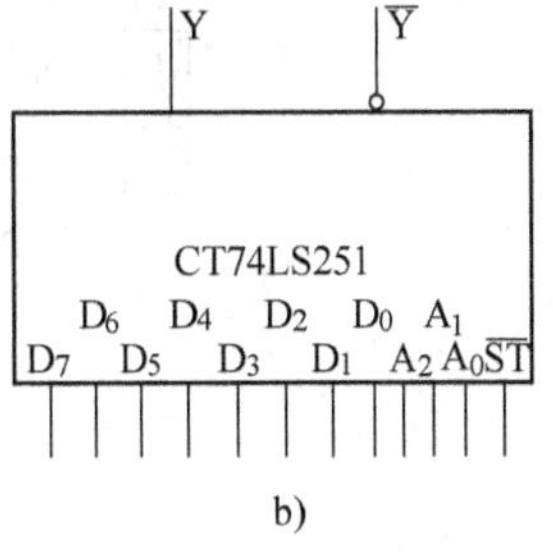

b)

图 7－7　4 选 1 数据选择器集成电路引脚排列图及符号

表 7 – 4　逻辑功能说明

输　入		使能控制	输　出
A_1	A_0	$\overline{ST}$	Y
×	×	1	0
0	0	0	D_0
0	1	0	D_1
1	0	0	D_2
1	1	0	D_3

2. 数据分配器

数据分配器的功能和数据选择器相反，它能根据地址信号将某一路输入数据按需要分配到多路装置中某一对应的输入端去。它有一个数据输入端，多个数据输出端以及与输出端数相对应的地址输入端。

双 4 路数据分配器 74HC139 的集成电路引脚排列见图 7 – 8a，逻辑符号见图 7 – 8b，其功能类似两个单刀多掷开关如图 7 – 8c 所示。74HC139 共有 16 个引脚，16 脚（U_{CC}）接电源端，第 8 脚（GND）接电源负端，1 脚至 7 脚组成第一个单刀 4 掷开关，1G 为被传送的数据输入端，$1A_0$、$1A_1$ 为地址信号输入端，$1Y_0$ ~ $1Y_3$ 是数据输出端，地址输入端 $1A_1 1A_0$ 分别取 00 ~ 11 不同的值时，选中 $1Y_0$ ~ $1Y_3$ 中的一路输出。9 至 15 脚组成第二个单刀四掷开关，引脚功能也类似，用 $2A_0$、$2A_1$、$2Y_0$ ~ $2Y_3$ 作引脚标记，以便与第一单刀掷开关区分。

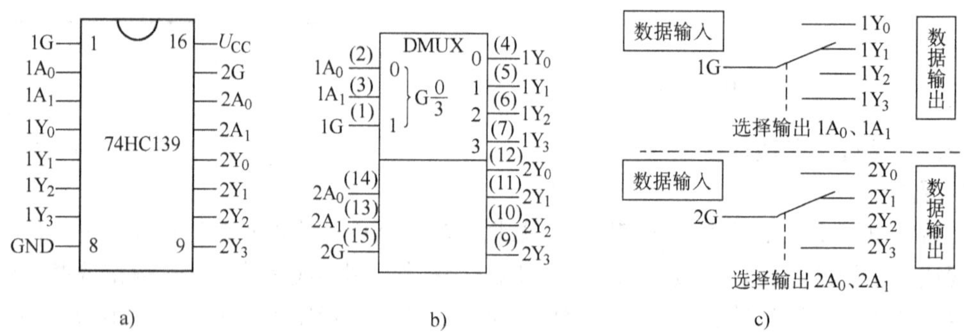

图 7 – 8　双 4 路数据分配器集成电路引脚排列、符号及功能示意框图

图 7 – 9 形象地说明数据选择器和数据分配器组合起来，可实现多路数据分配，即在一条信号线上传送多路信号，这种分时地传送多路数字信息的方法在数字系统中经常采用。

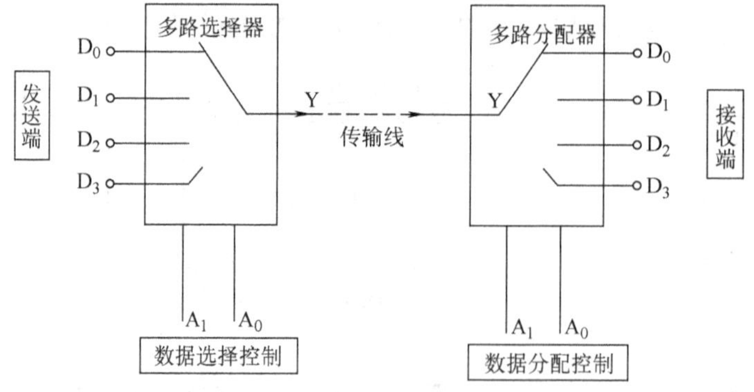

图 7 – 9　数据传送功能示意图

第二节　应 用 举 例

一、按键式电子开关

如图7-10为按键式电子开关电路。当按下按钮开关 S_S 使触点闭合时，RS触发器的S=0，R=1，Q输出为高电平，晶体管 VT_1 饱和，继电器触点K吸合；当释放按钮开关 S_S 后，S=1，R=1，触发器输出保持高电平不变，继电器的触点仍保持吸合；当按下按钮开关 S_R 使之闭合时，RS触发器的S=1，R=0，Q输出为低电平，晶体管 VT_1 截止，继电器触点K断开。因为继电器的触点可以承受高电压和大电流，所以可以实现对大功率的灯光和电机的控制。

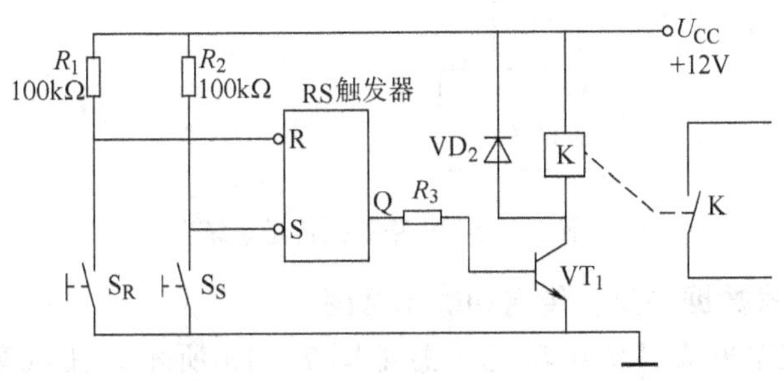

图7-10　按键式电子开关电路

二、会车灯延时开关

会车灯延时开关是一种在夜间汽车会车时，稍作延时，能自动变换远、近光的电子装置，提高夜间行车安全性。CD4013是双D触发器，由它组成的光控延电路如图7-11所示。当光线没有照射到光敏晶体管3DU3时，置1端 S_D 为0，D触发器输出Q为0，继电器K不吸合。当光线照射到3DU3时，3DU3导通，S_D 为1，使D触发器输出Q为1，晶体管导通，继电器K吸合，起到光电自动控制作用。延迟时间由 R_2，C 的时间常数决定，Q输出高电平时通过 R_2 向 C 充电，当 C 电压升高使 R_D 为1时，就将D触发器复0。

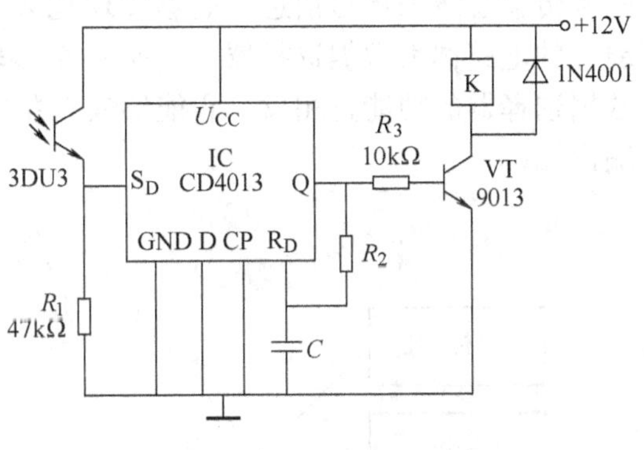

图7-11　会车灯延时开关

三、八路数据传送系统

图7-12是8选1数据选择器74LS151与二进制译码器74LS138（8选1数据分配器）通过总线相联，构成的典型的数据总线传送系统。地址码 $A_0A_1A_2$ 同时加到数据选择器和数据分配器的选择输入端，某输入通道的数据 D_i 被数据选择器选通，通过总线传送到数据分配器的输入端，然后被分配到相应的输出通道上。由于地址输入同步控制，因此输入数据将传送到对应的输出端口。

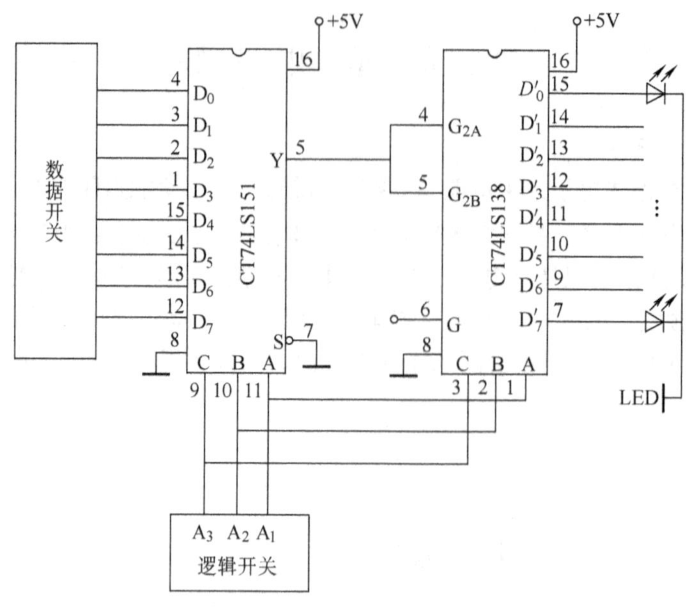

图 7－12　八路数据传送系统

四、汽车多路信号数据采集、传送功能示意图

汽车多路信号数据采集、传送功能示意如图 7－13 所示。在汽车电路系统中，要将多路数据进行采集、处理、传送时，为了减少传输线的数目，往往是多个数据通道共用一条传输总线来传送信息。能够实现把多个数据通道的信息有选择地传送到共用传输总线上的电路称为数据选择器，它是一个多输入、单输出的组合逻辑电路。数据分配器与数据选择器的功能正相反，它能够实现把共用传输总线上的信息有选择地传送到不同的输出端。

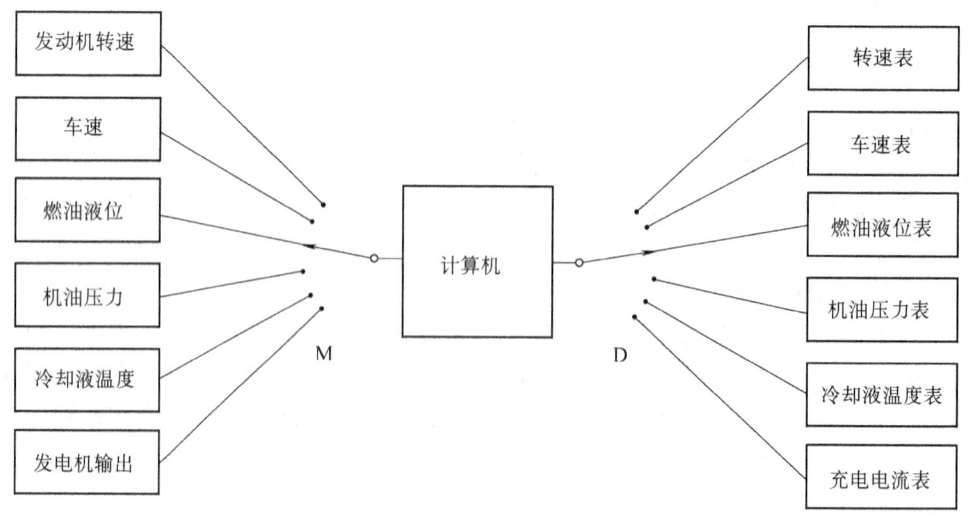

图 7－13　汽车多路信号数据采集、传送功能示意图

技能训练九：由D触发器组成多谐振荡器的制作

1. 电路原理

由D触发器组成多谐振荡器电路如图7-14所示。它由二块集成电路及部分阻容元件构成，C4011是四二输入与非门，C4013是双D触发器。C4011及R_1、C_1组成一个多谐振荡器，它向C4013提供时钟脉冲。C4013触发器能够在频率可变的高频脉冲作用下产生低频脉冲信号。C4013触发器输出端Q和$\overline{Q}$上分别接VT_1、VT_2，对输出信号进行放大，以足够的电流驱动发光二极管交替发光。因为Q和$\overline{Q}$相位相反，所以两个发光二极管交替发光。

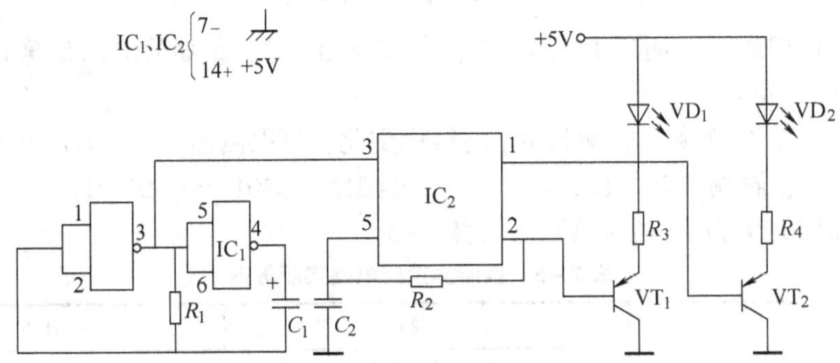

图7-14 由D触发器组成的多谐振荡器电路

2. 元器件选择

IC_1	四与非电路	C4011
IC_2	双D触发器	C4013
R_1	电阻	1MΩ
R_2	电阻	100kΩ
R_3	电阻	1kΩ
R_4	电阻	1kΩ
C_1	电解电容器	1μF/10V
C_2	涤纶电容器	0.1μF/63V
VD_1	发光二极管（红）	HFW314001
VD_2	发光二极管（绿）	HFW314001
VT_1	晶体管	9015
VT_2	晶体管	9015
	印制电路板	
	+5V稳压电源	

3. 装配、调试与检测

（1）按装配图7-15安装元器件，注意集成电路引脚不能装错。

（2）用万用表 $R\times10$ 档逐个检测，集成电路引脚间无短路。

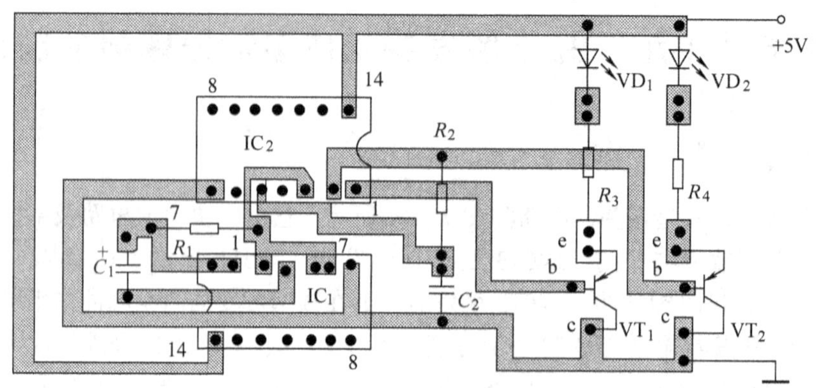

图 7－15　多谐振荡器印制电路图

（3）通电后用频率计测量 $IC_1$③、⑤、⑥脚及 $IC_2$①、②脚的输出信号频率，并观察 VD_1、VD_2 的闪光变化。

（4）改变 R_1、C_1 的数值，测量 IC_1 的频率变化，可以测出 $f_C4011>f_C4013$ 时，输出频率与 f_C4011 无关。再调整 R_1、C_1，使 $f_C4011<f_C4013$。$f_C4013\approx f_C4011/2$。

（5）用 MF50 型万用表的实测数据见表 7－5。

表 7－5　多谐振荡器电路实测数据

IC_1	①、②脚	1.5V
	③、⑤、⑥脚	0
	④脚	5V
	⑦脚	0
	⑭脚	5V
IC_2	③脚	0（5V）
	⑤脚	0.6V（1V）
	①脚	5V（3V）
	②脚	3V（5V）

（6）将制作、调试结果填入表 7－6 闪光器电路制作技训表中。

表 7－6　闪光器电路制作技训表

<table>
<tr><td>测　量　点</td><td colspan="8">电　压　值/V</td></tr>
<tr><td rowspan="2">IC_1 引脚</td><td>①</td><td>②</td><td>③</td><td>④</td><td>⑤</td><td>⑥</td><td>⑦</td><td>⑭</td></tr>
<tr><td></td><td></td><td></td><td></td><td></td><td></td><td></td><td></td></tr>
<tr><td rowspan="2">IC_2 引脚</td><td colspan="2">①</td><td colspan="2">②</td><td colspan="2">③</td><td colspan="2">⑤</td></tr>
<tr><td colspan="2"></td><td colspan="2"></td><td colspan="2"></td><td colspan="2"></td></tr>
<tr><td>调试中出现的
故障及排除方法</td><td colspan="8"></td></tr>
</table>

本 章 小 结

1. 触发器是数字电路的极其重要的基本单元。触发器有两个稳定状态，在外界信号作用下，可以从一个稳态转变为另一个稳态；无外界信号作用时状态保持不变。因此，触发器可以作为二进制存储单元使用。

2. 触发器的次态不仅与输入信号状态有关，而且与触发器的现态有关。

3. 它具有两种可能的稳态——0 态或 1 态。当触发脉冲过后，触发器状态仍维持不变，这就是记忆能力。电路具有两个稳定状态，在无外来触发信号作用时，电路将保持原状态不变。在外加触发信号有效时，电路可以触发翻转，实现置 0 或置 1。

4. 触发器是时序逻辑电路中的基本逻辑单元，它的各种组合可以构成计算机中最常用的部件按逻辑功能来分，触发器可分为 RS、JK、D 型触发器等。

5. 基本 RS 触发器由于不受脉冲信号控制，故常用来直接置位/复位。D 和 JK 触发器是最常用的触发器，它们的型号很多，可根据不同用途选择适合的型号来制作电路。

6. 数据选择器是能够从来自不同地址的多路数字信息中任意选出所需要的一路信息作为输出的组合电路，至于选择哪一路数据输出，则完全由当时的选择控制信号决定。

7. 数据选择器广泛应用于数字仪表、计算机等程序控制电路中。

思考题与习题

1. 基本 RS 触发器的输入信号波形如图 7－16 所示，试在输入波形下方画出输出 Q 和 $\overline{Q}$ 端的信号波形。

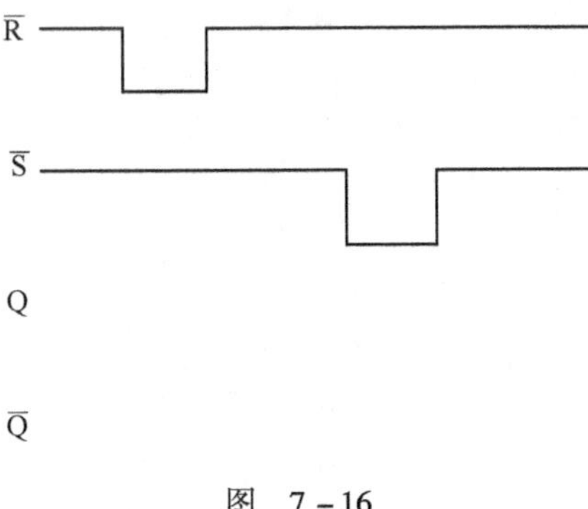

图 7－16

2. 什么是触发器？它与门电路有何区别？

3. JK 触发器与 RS 触发器的逻辑功能有什么差异？

4. 设下降沿触发 JK 触发器的初态 Q＝0，试根据图 7－17 所示的 CP 和 J、K 的信号波形，画出输出端 Q 的波形。

5. 如何将 JK 触发器转换为 D 触发器？

6. D 触发器的 Rd、Sd 端的功能是什么？

7. 下降沿触发的 D 触发器初始时处于 0 态，根据图 7－18 的时钟脉冲 CP 和输入信号 D 的波形，画出输出 Q 的波形。

8. 什么叫数据选择器？它的基本功能是什么？

9. 什么叫数据分配器？它的基本功能是什么？

10. 分析图 7－17 按键式电子开关电路的工作原理。

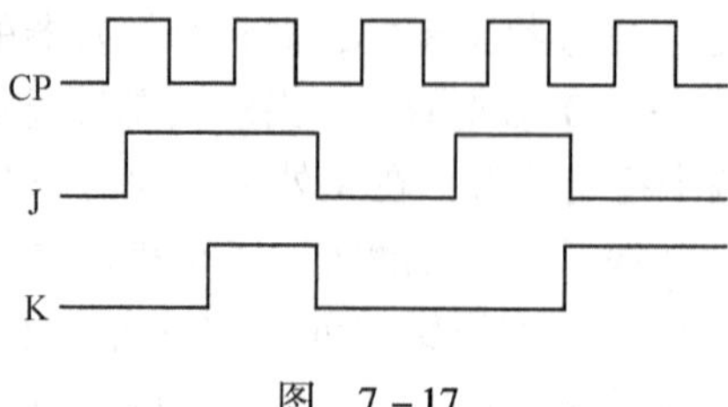

图 7－17

11. 分析图 7－18 八路数据传送系统电路的工作原理。

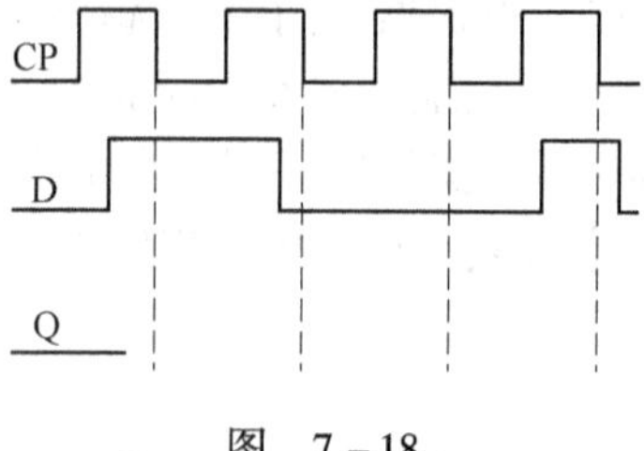

图 7－18

第八章　信号转换与处理

学习要点

1. 掌握模数转换、数模转换的基本概念。
2. 掌握数模转换器的基本构成以及模数转换基本原理。
3. 掌握模数转换以及数模转换集成电路各引脚功能。
4. 了解微型计算机基本组成。

教学难点

1. 微型计算机系统的基本结构。
2. 微型计算机在汽车控制方面的应用概况。

客观世界基本上是一个模拟量的世界，而数字计算机本身则是一个数字量的世界。不难理解，当计算机和外界直接交换信息时，自然地需要两种装置：A/D 转换器和 D/A 转换器。

A/D 转换器——将模拟量转换为数字量的一种电路装置。

D/A 转换器——将数字量转换为模拟量的一种电路装置。

在一个计算机检测及控制系统中，A/D 及 D/A 转换器是外部世界与计算机世界之间不可缺少的桥梁，如图 8－1 所示。连续变化的现场被测信号如温度、压力、速度等，通过变送器变成模拟电信号，然后送入 A/D 转换器转换成数字电信号，经过计算机处理，以数字电信号输出，经过 D/A 转换器再转换成模拟电信号，推动执行器使现场被控对象动作。

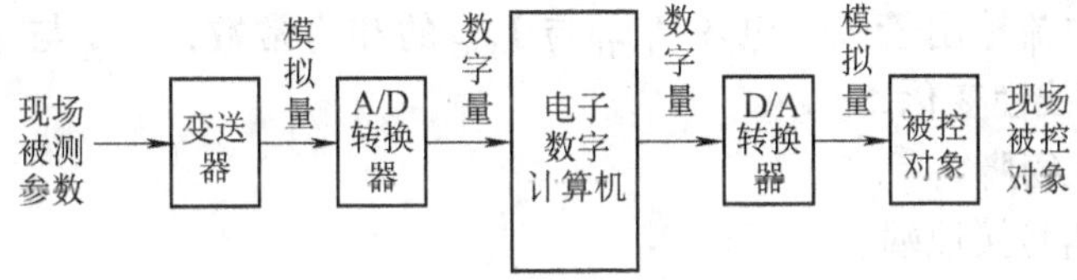

图 8－1　计算机处理系统框图

第一节　数字/模拟（D/A）转换

一、D/A 的构成原理

数字/模拟（D/A）转换也可以简称为译码，它将包含在数字编码字（即数字量）中的数字信息转换为等价的模拟信号。D/A 转换器的基本构成如图 8－2 所示。

逻辑电路的功能是控制精密基准电压源和电流源，使其切换到电阻网络的适当输入端口。这种切换是根据每个数字输入位的数字值来决定的。电阻网络和运放起比例变换的作用，输出与数字码所代表的数值成比例的电压。

二、D/A 转换器集成电路举例

目前使用的 D/A 转换器都是集成电路，而且许多电路都把 D/A 转换器的一些外围器件

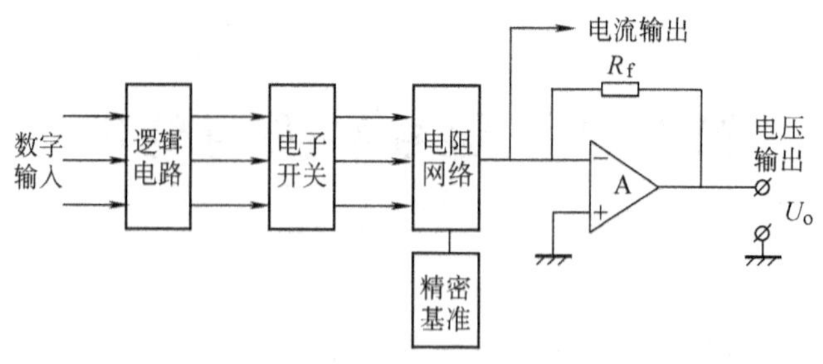

图 8－2　D/A 转换器的基本构成框图

也集成到芯片的内部。根据转换精度的不同，有 8 位到 16 位的 D/A 转换器。位数越多，精度越高，其价格也就越高。

0830/0831/0832 系列是 8 位分辨率的 D/A 转换器集成电路，有双缓冲结构，内部主要由 8 位输入锁存器、8 位 DAC 寄存器、8 位 D/A 转换电路和转换控制电路构成。采用 20 个引脚双列直插封装，其引脚配置如图 8－3 所示，各引脚功能如下：

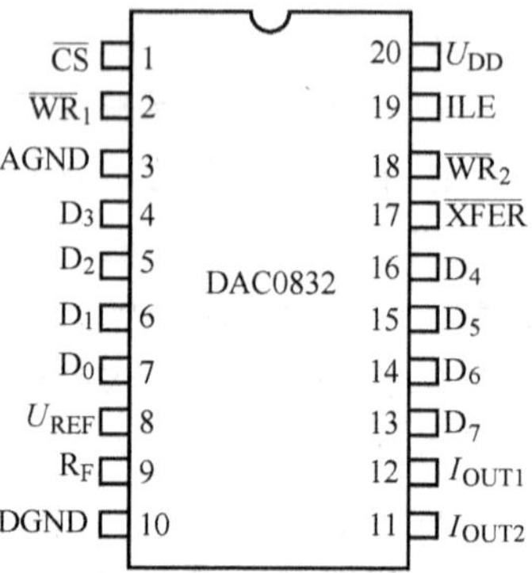

图 8－3　DAC0832D/A 转换器集成电路引脚排列

$D_0 \sim D_7$：数据输入线。

ILE：数据允许锁存信号，低电平有效。

$\overline{CS}$：数据寄存器选择信号，低电平有效。

$\overline{WR_1}$：输入寄存器写选通信号，低电平有效。

$\overline{XFER}$：数据传送信号，低电平有效。

$\overline{WR_2}$：DAC 寄存器写选通信号。

R_F：反馈信号输入引脚。

I_{OUT1}、I_{OUT2}：电流输出管脚，电流 I_{OUT1} 与 I_{OUT2} 的和为常数，I_{OUT1} 与 I_{OUT2}（的大小）随 DAC 寄存器的内容线性变化。

U_{DD}：电源输入管脚。

AGND：模拟信号接地端。

DGND：数字信号接地端。

第二节　模拟/数字（A/D）转换

一、A/D 转换原理

模拟/数字（A/D）转换，也可以简称为编码，它将包含在模拟信号中的数字信息转换为等价的数字编码字。A/D 转换过程比以前讨论过的 D/A 转换更为复杂，并且需要更精密的电路技术。与 D/A 转换器比较起来，在相同的转换精度下，A/D 转换器通常更昂贵，响应速度也慢一些。

当在 A/D 输入端给定一个模拟输入时，A/D 转换器执行量化编码操作。当一个随时间连续变化的信号（简称时变信号）（电压或电流）需要从模拟量转换为数字量时，A/D 通常执行下列顺序操作：采样、保持、量化及编码。图 8－4 是 A/D 转换过程框图。

所谓采样，就是将一个连续的时变信号（连续模拟量）转换为在时间上不连续（离散）

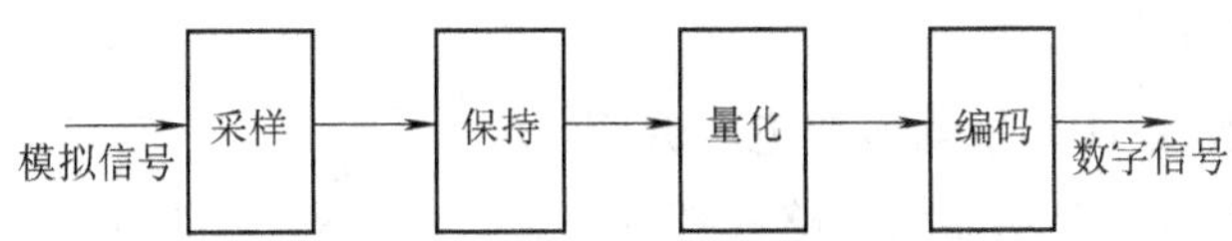

图 8-4　A/D 转换的过程

的模拟量。采样电路的输出是一系列等宽度的调幅脉冲，这些脉冲的幅度由输入模拟量决定。

采样电路输出的脉冲宽度由采样时间决定。通常，采样时间是很短的，所以采样输出的脉冲宽度也很窄。要把一个已采样信号（其幅度由输入模拟量决定）通过量化器及编码器进行数字化需要一定时间，所以必须在采样电路后面接一个保持电路。保持电路的作用是将采样电路输出的信号暂时保存起来，以便将它数字化（量化）。一般地，采样-保持电路常做在一起。图 8-5 所示是一个采样-保持电路。U_i 为输入模拟信号，$S(t)$ 为输入采样脉冲，输出 U_o 为时间上不连续的模拟量。

所谓量化，是指将采样-保持电路输出的阶梯电压依次转换为能用二进制数码表示的离散电平的过程。指定的离散电平被称为量化电平。用二进制数码或其他数码表示各量化电平的过程称为编码。

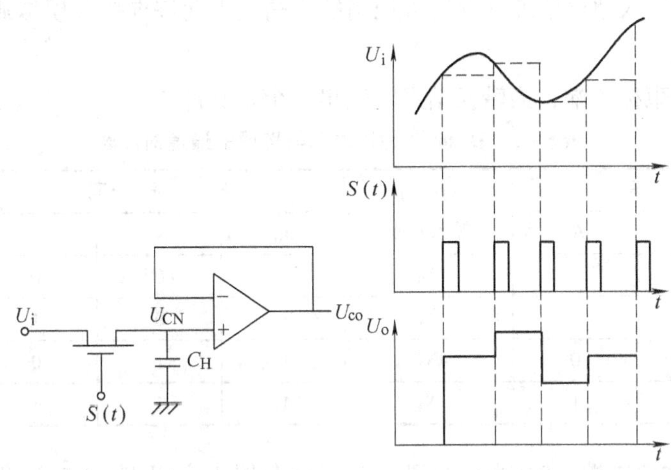

图 8-5　采样-保持电路及各点波形

二、A/D 转换器集成电路主要性能指标

在介绍具体的集成电路之前，先介绍一下 A/D 转换器的主要性能指标。

(1) 分辨率：反映 A/D 转换器在量化时对输入模拟电压的分辨能力，一般用二进制位数表示，如 8 位、10 位、12 位等。也有用十进制数表示的。应当指出，分辨率和转换精度这两个概念是既有联系又有区别的。并不是位数越多，精度就越高，因为精度依赖于电路的因素很多。

(2) 转换速度：指完成一次 A/D 转换所需要的时间。

(3) 输入模拟电压范围。

(4) 输入电阻。

(5) 电源抑制：在输入模拟电压不变的情况下，而供电电压变化时，输出数字信号的绝对变化量。

(6) 电源功率损耗。

三、ADC0809 型 A/D 转换器集成电路介绍

ADC0809 片内有带锁存功能的 8 路模拟开关，可实现将 8 路 0～5V 的输入模拟电压进行分时转换，片内具有多路开关的地址译码和锁存电路、比较器、256R 阶梯电阻、树状电子开关、逐次逼近寄存器（SAR）、控制与时序等电路。输出采用 TTL 三态锁存缓冲器，可直接与外部数据总线相连。

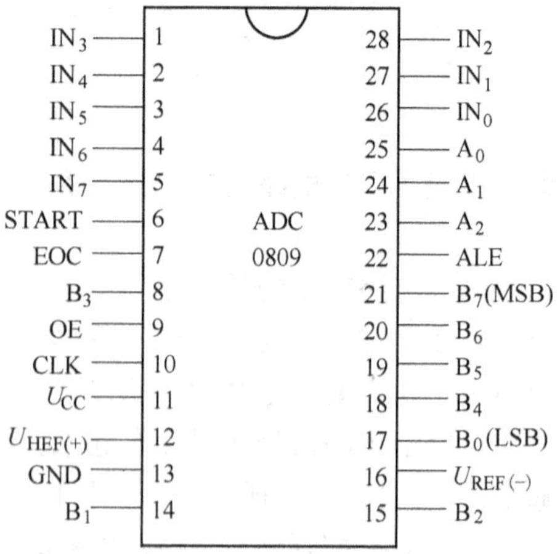

ADC0809 的引脚配置如图 8－6 所示。各引脚功能如下：

引脚	序号	ADC 0809	序号	引脚
IN_3	1		28	IN_2
IN_4	2		27	IN_1
IN_5	3		26	IN_0
IN_6	4		25	A_0
IN_7	5		24	A_1
START	6		23	A_2
EOC	7		22	ALE
B_3	8		21	B_7(MSB)
OE	9		20	B_6
CLK	10		19	B_5
U_{CC}	11		18	B_4
$U_{HEF(+)}$	12		17	B_0(LSB)
GND	13		16	$U_{REF(-)}$
B_1	14		15	B_2

图 8－6　ADC0809 的管脚配置图

IN_0～IN_7：8 路模拟量输入端。

B_0～B_7：8 位数字量输出端。

START：启动信号控制端，上升沿锁存三态输出、下降沿启动 A/D 转换。

ALE：模拟量输入通道地址锁存信号控制端，高电平允许选择各模拟通道，下降沿锁存选择的模拟通道。

EOC：转换结束标志端，当转换结束时输出一个正脉冲。

表 8－1　DC0809 地址输入与选通的通道对应表

地址码			对应的输入通道	地址码			对应的输入通道
A_0	A_1	A_2		A_0	A_1	A_2	
0	0	0	IN_0	1	0	0	IN_4
0	0	1	IN_1	1	0	1	IN_5
0	1	0	IN_2	1	1	0	IN_6
0	1	1	IN_3	1	1	1	IN_7

OE：输出允许控制端，OE 为低电平，三态锁存器为高阻态。OE 为高电平，打开三态输出锁存器，将转换结果数字量输出到数据总线上。

U_{REF+}、U_{REF-}：基准电压输入端。

CLK：时钟输入端。

A_0、A_1、A_2：8 路模拟开关的 3 位地址选通输入端。地址输入与选通的通道对应关系见表 8－1。

U_{CC}：主电源输入端。

GND：接地端。

第三节　微型计算机组成简介

1946 年，美国宾夕法尼亚大学研制成功世界上第一台电子计算机，带来了人类科技史上的一场大革命。50 多年的时间里，电子计算机的发展历经了六代，现在正向第七代综合

智能计算机迈进。

微型计算机具有体积小、重量轻、功率消耗低、价格低、效率高等显著特点，广泛应用于各行各业。

一、微型计算机系统的典型结构

微型计算机系统的典型结构框图如图 8－7 所示，在计算机中，微处理器作为系统的中央处理单元，系统中必须有足够量的存储器，用来存放程序指令和要处理的数据。另外一般还配有与外部设备联系的接口（I/O）电路，这些电路包括数/模或模/数转换电路等信号加工转换电路。为了使整个系统互相沟通，微型计算机内还有三条总线：控制总线、地址总线和数据总线。微处理器通过这些总线与存储器及接口电路互通信息，它既可以从 CPU 向外发出数据，也可以由 CPU 接收外部传来的数据。

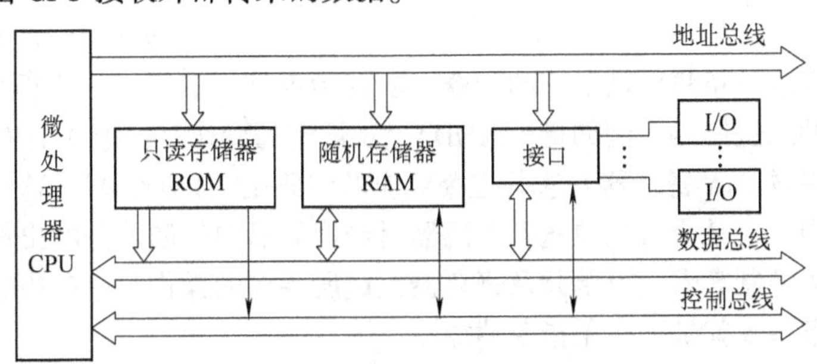

图 8－7　微型计算机系统的典型结构框图

下面分别介绍计算机各大部件的主要功能和组成。

二、微处理器

微处理器是一个含有运算电路、组合逻辑电路、时序逻辑电路和控制电路的单片大规模集成电路组件。

微处理器一般由三部分组成——算术逻辑运算单元、内部寄存器和定时及控制单元。其内部电路组成框图如图 8－8 所示。

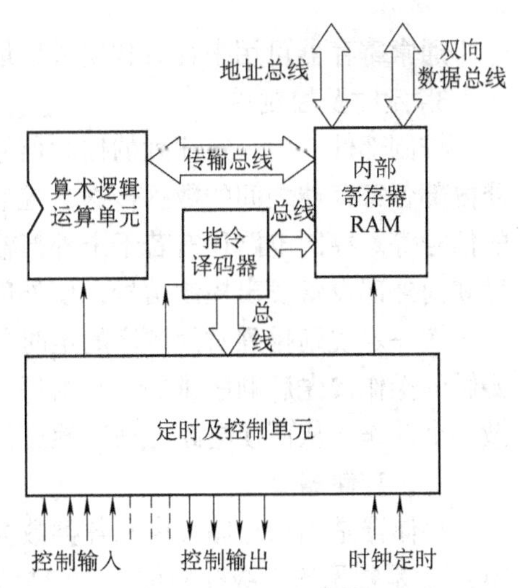

图 8－8　微处理器内部电路组成框图

1. 算术逻辑运算单元（ALU）

ALU 电路能够对数据进行算术运算，也能对数据进行逻辑运算。这部分电路由加法器及其他组合逻辑电路组成。它一次只能对两个数据进行运算。其中一个数据通常从叫作累加器的内部寄存器里取得。这个累加器是一个由触发器构成的移位寄存器，其触发器的数目等于所操作的数据的位数。它具有并行输入和并行输出的能力。另外一个数据可以来自另外的内部寄存器，也可以从微处理器以外的主存储器通过数据总线传送过来，如图 8－9 所示。

加法器能够进行加法和减法运算。加法器与移位电路相结合也可以进行乘法或除法运算。

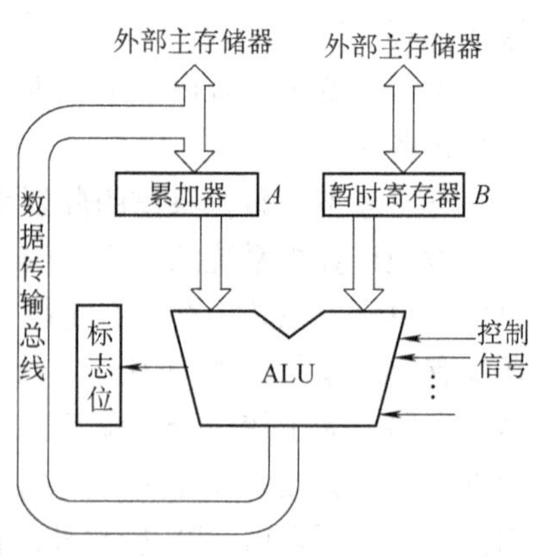

图 8-9 算术逻辑运算单元工作过程框图

算术逻辑运算单元还可以实现逻辑运算，例如“与”、“或”、“非”等。算术运算和逻辑运算的结果，一般都被存放在累加器中。

算术逻辑运算单元究竟从哪里取得数据，对取得的数据做什么运算，都是由控制信号决定。控制信号通常来自指令。

2. 内部寄存器

除累加器外，微处理器里还有一些做其他用途的寄存器。这些寄存器也由触发器构成，包括指令寄存器、程序计数器、存储器地址寄存器、通用寄存器及状态寄存器等。

指令寄存器存放一条将要被执行的指令。所谓指令是一组有特定含义的二进制码。例如指令 ADDA、B 规定的操作是：把 A 寄存器和 B 寄存器里的数据相加，结果送到 A 寄存器，这条指令对应的编码是“1000000”。这组编码在执行以前放在指令寄存器中，在某个时刻被送到译码器，经译码后向控制部分发出相应信号，而控制部分则发出信号去控制算术逻辑单元及寄存器完成所规定的操作。一条指令执行完毕后，指令寄存器中的这条指令就被下一条指令冲掉。

程序计数器里存放着下一条要执行的指令的存储地址。计算机程序通常被存放在微处理器外边的半导体存储器里。把存放指令的每一个单元编上号便是存储器的地址。把这个地址依次送到程序计数器里，微处理器顺便可以根据程序计数器里的内容，取来相对应单元的一条条指令。

存储器地址寄存器的作用与程序计数器的作用类似，但它还可以存放数据或其他量的地址。

通常寄存器可用来存放数据或地址，它的内容可以直接通过指令存入，使用很方便。

3. 定时及控制单元

控制部件产生一定序列的控制信号，来维持微处理器处理事件的正常顺序，控制微处理器内部各寄存器之间的数据传送，控制 ALU 的动作，以及发出使微处理器与外部产生联系的信号等。控制电路还有若干个外部输入、输出控制端子，用来接收外部设备发出的请求信号和向外部设备发出控制信号，使外部设备与微处理器的工作协调一致。

按一定规则排列时间顺序的定时是由外部处理控制的。时钟信号把微处理器执行指令时要做的操作按先后顺序排好，并给每一个操作规定好固定时间，使微处理器在某一时刻只能做一个动作，从而使电路有秩序地工作。

三、存储器

存储器是用来存储程序和各类数据的装置。规模较大的存储体系可分为若干级。图 8-10 所示是常见的三级存储体系。中央处理单元用一般的逻辑手段就能按单元直接访问的是主存储器（内存），作为主存储器后援的存储器是大量的外存。当 CPU 速度很高时，为了使主存能和 CPU 速度相匹配，又在主存和 CPU 间增设一级缓冲存储器。

外存的处理速度慢，成本低，容量大，适合于长时间或较长时间存放信息，反映在具体硬件上，有磁带、磁盘、磁鼓等。内存又经常分为只读存储器（ROM）和随机存储器

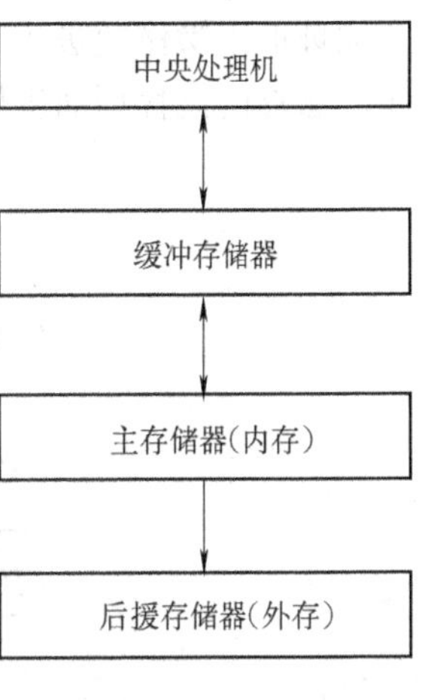

图 8-10　三级存储体系

(RAM)。它们的共同特点是存储速度快、成本高、容量相对较小，适合于做信息缓冲存储。计算机不能直接处理外存信息。外存信息只有通过外部设备（磁盘机、磁带机等）调入内存才能被计算机处理，处理结果也只有通过外部设备转储回外存才能长期保存。

在两种内存之间，RAM 经常被用作工作单元及系统工作所需的空间，它的信息可以随时改变。ROM 的信息一经写入就不能也不允许改变。ROM 一般都装有所谓“系统引导程序”，当计算机电源接通后，这些程序就自动地被执行，使计算机做好运行“用户程序”和处理数据的准备工作。

四、输入设备

输入设备的任务是输入操作者提供的原始信息。从输入的原始信息的形式可分为：

（1）穿孔信息输入设备，如光电输入机、卡片机等。

（2）键盘信息输入设备，如电传打字机、控制台打字机、键盘显示终端等。

（3）外存储器，如磁带、磁盘等。

（4）模/数（A/D）转换装置。在汽车自动检测与自动控制电路中，所检测出的原始信号往往是模拟信号，需通过 A/D 转换器转换成计算机所能识别与处理的数字信号。

（5）图形信息识别与输入装置，如光笔、数字化仪等。

（6）字符信息的识别与输入装置。

（7）语言信息的识别与输入装置。

五、输出设备

输出设备的任务是将计算机的处理结果以能为用户或其他机器所接受的形式输出。

（1）打印设备，如小型打印机、宽行打印机、电传打印机，以便于打印图形与汉字一类复杂字符的针式和激光打印机等。

（2）绘图设备。

（3）CRT 显示器。

（4）外存储器。

（5）数/模（D/A）转换装置。在汽车电路中，计算机输出的数字信息常需转换为模拟信号，才能控制相应的执行机构。

第四节　计算机工作过程及其应用

一、计算机的工作过程

为了使计算机完成某项任务，用户通过外部设备把程序和操作数据送入接口电路，也叫 I/O 电路。I/O 电路通过数据总线把程序和数据送入存储器。

程序由一系列指令组成，如图 8-11 所示。指令有两部分：一是操作码，指出这条指令要做的操作；二是地址码，指出操作所涉及的数据或数据的地址。执行一条指令分成两个阶段：第一阶段先从存储器里把指令取出来，然后对指令译码，即对指令的操作码和地址码译码，说明该条指令执行的是什么类型的操作，并指出参加操作的操作数的地址，随后根据这个地址取出操作数进入 CPU；第二阶段是按照操作码所指出的操作类型，对操作数进行操作。这样的过程周而复始，指令一条条被执行，直到程序结束。

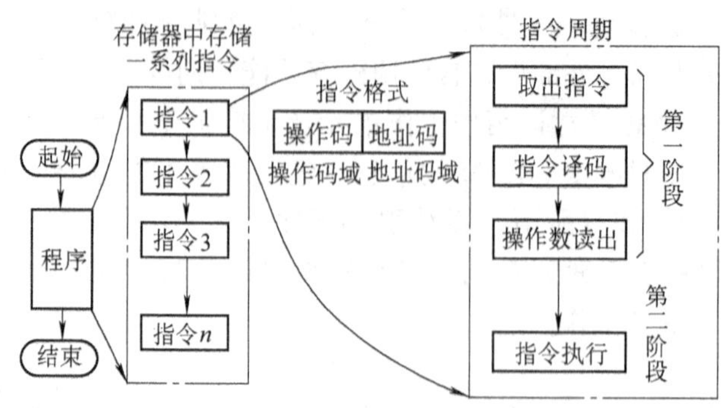

图 8－11　计算机工作过程

二、微型计算机对汽车的控制

微型计算机对汽车的控制示意图如图 8－12 所示。对象即被测参数，经传感器和变换器转换成统一的标准信号后，再经多路开关，分时送至 A/D 转换器将模拟量转换成数字量后通过接口送入微处理器，这是模拟量输入通道。在计算机内部，用软件对所采集到的数据进行处理和计算，然后由模拟量输出通道输出。数字量通过 D/A 转换器将其转换成模拟量，再经多路开关与相应的执行机构连接，以对被测参数进行有效的控制。

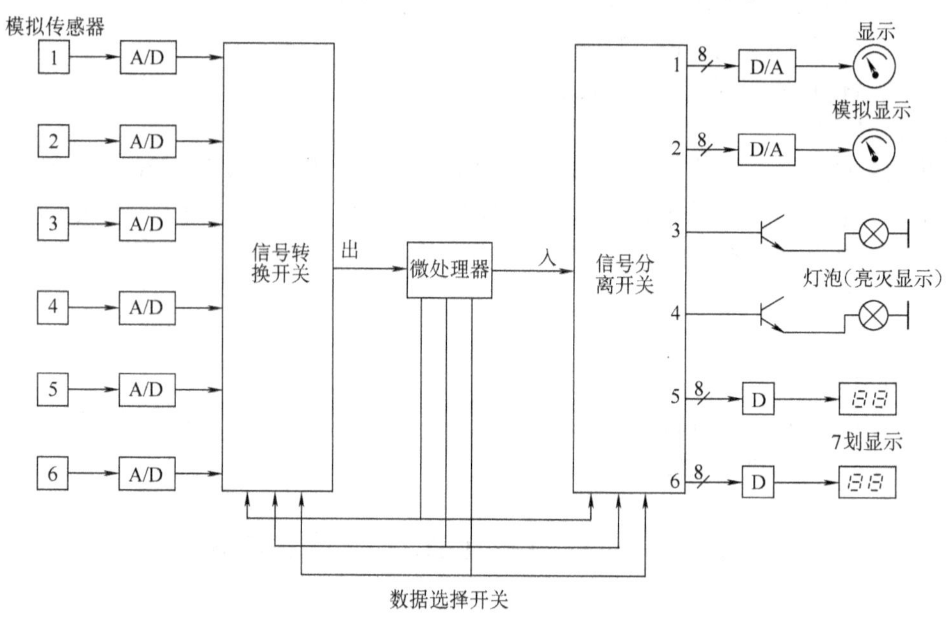

图 8－12　微型计算机对汽车的控制示意图

汽车传感器将汽车的运行情况转换成电信号输给计算机。计算机只接受“0”或“1”的数字信息，如果进入计算机的是模拟信号，则计算机先进行模/数转换，再传输给微处理器。因此，计算机系统有相应的输入设备和输入接口装置，主要进行电压调节和模/数转换。

根据输入的信息和选定的程序，微处理器经过运算，作出判断，看需采取何种操作以控制汽车运行。相应的有微处理器和为其存储数据和程序的存储器。计算机将处理结果进行数/模转换，将模拟信号输给执行，执行器再转变成适当的动作，以控制汽车运行。

本 章 小 结

（1）客观世界是一个模拟量的世界，而数字计算机本身则是一个数字量的世界。所谓模拟量，是指连续变化的物理量，如电压、电流、温度等；所谓数字量，是指离散变化量，常用数字表示。

（2）将模拟量转换为数字量的电路，叫做模/数（A/D）转换器；将数字量转换为模拟量的电路，叫做数/模（D/A）转换器。A/D、D/A 是实现模拟电路和数字电路相互转换的桥梁，是重要的接口电路。

（3）D/A 是将数字量变成相应模拟量的电子电路，它主要由电阻网络、求和放大器、模拟开关等组成，其输出的模拟电压与二进制数码成线性对应的关系，本章主要介绍了 DAC0832 集成 D/A 的引脚功能和典型应用电路。

（4）A/D 是将模拟量转换成相应数字量的电子电路。ADC0809 集成电路为 8 通道多路模拟输入、8 位数字量输出的 A/D 转换器，其引脚功能及外部应用特性是学习的重点。

（5）微处理器由三部分组成——算术逻辑运算单元、内部寄存器和定时及控制单元。

（6）微处理器将输入信号进行运算，判断，将处理结果进行转换，输出给执行器，执行器再转变成适当的动作。

思考题与习题

1. 什么是模拟信号？什么是数字信号？
2. 画出 D/A 转换框图，说明 D/A 转换原理。
3. A/D 转换要通过哪几个步骤完成？
4. 什么是 A/D、D/A 转换？各包括哪些过程？
5. D/A 转换器的主要功能是什么？试说明 DAC0832 引脚的作用。
6. A/D 转换器的主要功能是什么？试说明 ADC0809 引脚的作用。
7. 微型计算机系统的结构是怎样的？
8. 微处理器一般由哪几部分组成？
9. 计算机有哪些输入、输出装置？请各列举 5 例。
10. 简述微型计算机是如何对汽车的运行进行控制的？

技能训练十：数字万用表及使用

DT840 数字万用表是一种结构坚固，电池驱动的三位半数字万用表，外形如图 8－13 所示。可以进行直流和交流电压（电流）、电阻、二极管、带声响的通断测试及晶体管 h_{FE} 的测试，并具有极性选择、过量程显示及全量程过载保护的特点。

1. 主要技术性能

（1）测量范围

直流电压：200mV～1000V。

交流电压：200mV～700V。

直流电流：20μA～20A。

交流电流：20μA～20A。

电阻：0Ω～20MΩ。

二极管及带声响的通断测试。

晶体管放大系数 h_{FE}：0～1000。

（2）工作频率为 40～400Hz。

（3）显示特性

显示方式：LCD 显示。

最大显示：1999（三位半）自动极性显示。

过量程显示："1"。

（4）全量程过载保护。

2. 仪表面板结构

DT840 数字万用表面板结构如图 8－13 所示。

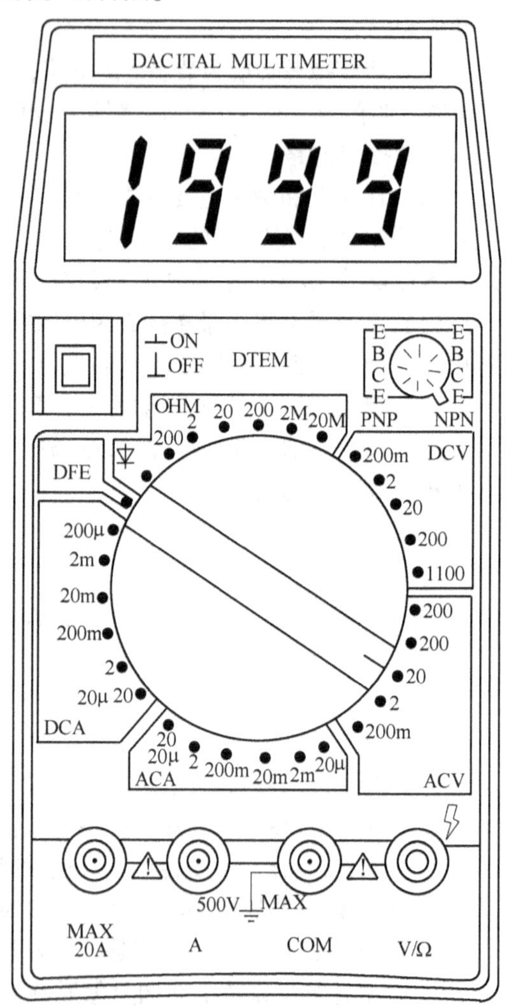

图 8－13　DT840 数字万用表

3. 操作前注意事项

（1）将 ON－OFF 开关置 ON 位置，检查 9V 电池电压值。如果电池电压不足，显示器左边将显示："LOBAT" 或 "BAT" 字符，此时应打开后盖，更换 F22 9V 层迭电池。如无上述字符显示，则可继续操作。

（2）测试笔插孔旁边的正三角中有感叹号的，表示输入电压或电流不应超过指示值。

（3）测试前功能开关应置于所需的量程。

4. 使用方法

（1）直流电压、交流电压的测量。首先将黑表笔插入 COM 插孔，红表笔插入 V/Ω 插孔。然后将功能开关置于 DCV（直流）或 ACV（交流）量程，并将测试表笔连接到被测源两端，显示器将显示被测电压值。在显示直流电压值的同时，将显示红表笔端的极性。如果显示器只显示"1"，表示超量程，功能开关应置于更高的量程（下同）。

（2）直流电流、交流电流的测量。首先将黑表笔插入COM插孔，测量最大为2A的电流时，将红表笔插入A孔；测量最大值为20A的电流时，将红表笔插入20A插孔；将功能开关置于DCA或ACA量程，测试表笔串联接入被测电路，显示器即显示被测电流值，在显示直流的同时，将显示红表笔端的极性。

（3）电阻的测量。首先将黑表笔插入COM插孔，红表笔插入V/Ω（注意：红表笔极性为+，与指针式万用表相反），然后将功能开关置于OHM量程，两表笔连接到被测电阻上，显示器将显示被测电阻值。如果被测电阻值超过了所选量程的最大值，将显示过量程“1”，应选择更高的量程，电阻开路或无输入时，也显示为“1”，应注意区别。

（4）二极管测试。首先将黑表笔插入COM插孔，红表笔插入V/Ω。然后将功能开关置于二极管档，将两表笔连接到被测二极管两端，显示器将显示二极管正向压降的mV值，当二极管反向时过载。

检查二极管的质量及鉴别硅管、锗管：

1）数字万用表的红表笔是表内电池的正极；黑表笔是电池负极。

2）测量结果：若在1V以下时，红笔为二极管正极，黑笔为负极；若显示“1”（超量程），则黑笔为正，红笔为负。

3）测量显示为：550～700mV（即0.55～0.70V）者为硅管；150～300mV（即0.15～0.3V）者为锗管；

4）两个方向均超量程者，管子开路；两个方向均显“0”V者，管子击穿、短路。

（5）带声响的通断测试。首先黑表笔插入COM插孔，红表笔插入V/Ω插孔，然后将功能开关置于通断测试档（与二极管测试量程相同），将测试表连接到被测电阻，如表笔之间的阻值低于约30Ω，蜂鸣器发声。

（6）晶体管放大系数h_{FE}测试。首先将功能开关置于h_{FE}档，然后确定晶体管为NPN型或PNP型，并将发射极、基极、集电极分别插入相应的插孔，此时显示器将显示出晶体管放大系数h_{FE}值（此时测试条件为基极电流=10μA，集电极与发射极之间电压=2.8V）。

检查晶体管的质量及鉴别硅管、锗管（用表上的二极管档或h_{FE}）：

1）极性判别。红笔接某极，黑笔分别接其他两极，都出现超量程或电压都小，则红笔为基极b；若一个超量程，一个电压小，则红笔不是b极，换脚重测。

2）判别管型。上面测量结果中，都超量程者为PNP管；电压都小（0.5～0.7V）者为NPN管。

3）判别c、e极其用h_{FE}档。已知NPN管，基极b插入B孔，其他两极分别插入C、E孔，若结果h_{FE}=1～10（或十几）时，则管子接反了；若h_{FE}=10～100（或更大）时，则接法正确。

技能训练十一：汽车低音炮电路制作

1. 音响基础知识

（1）音响基础知识。“高保真”的英文原词是High-Fidelity，简称Hi-Fi。声频设备能如实地反映声音信号的本来面貌，就叫高保真。

众所周知，物体振动便激动空气，使之也跟着振动，形成声波。声波传到人的耳朵，刺激了听觉神经，便使人产生声音的感觉。不同的声音，具有大小不同的音量（响度）、高低不同的音调、发声体所特有的音色和确定声音特征的音品。

高保真的扩音设备必须忠实地把声音信号的各个要素按原样反映出来。就此而言，是不应对原信号现时加以修饰、加工的。但实际上，高保真扩音设备常加进各种调节装置，使重现的声音在其特定环境中变得更加优美动听。

（2）超重低音系统。我们人耳能听到的声音频率范围大致为 20～20000Hz，可以把它粗略地分为低音频、中音频和高音频三个频段，通常把 500Hz 以下的频段称为低音频。为了更准确地描述低频段，一般把 20Hz～40Hz 和 40Hz～80Hz 分别称做超低音和重低音。25～150Hz 这一频段包括了各种低音乐器。如管风琴、低音鼓等发出的低音，也包括了影片中爆炸性场面的低频声波。完美的低音不仅能增强音乐感，更能增加临场感与真实感。

通常超重低音系统由低通滤波器或电子分频器、功率放大器、专用低音箱等组成。超重低音箱一般为密封式、低频反射式（倒相式）、带通式三种结构形式。音箱中的驱动单元通常用 15in，12in 或 10in 口径的专用超低音扬声器。与超重低音音箱配合使用的功放输出功率在 50～250W 之间。这样的系统可保证在 25Hz～150Hz 有足够的输出声电压。

2. 单元电路分析

（1）全对称 OCL 电路

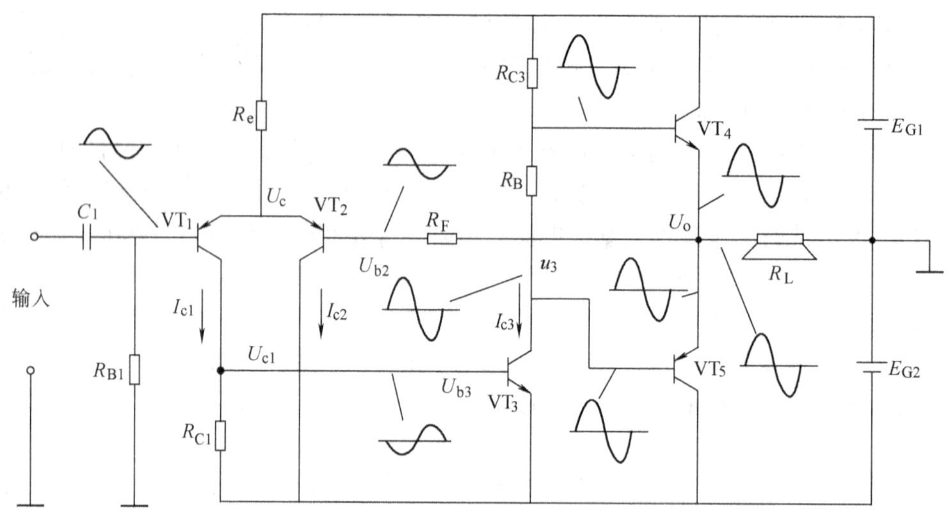

图 8－14　全对称 OCL 电路

全对称 OCL 电路的工作原理如图 8－14 所示，VT_1、VT_2 作差动输入放大，VT_3 是激励级，VT_4、VT_5 作互补对称输出。信号从 VT_1 的基极输入，经放大后从 VT_1 的集电极耦合到 VT_3 的基极，再经 VT_3 放大到足够的幅度，去激励互补对称的 VT_4 和 VT_5 作功率输出。级间直流负反馈则从输出端通过 R_F 反馈到差动级 VT_2 的基极，反馈量很大，再加上差动放大级具有的高稳定性，保证了 OCL 电路输出端零电位的稳定。例如某种原因引起输出端直流电位升高，便会发生如下反馈过程：$U_o\uparrow\rightarrow U_{b2}\uparrow\rightarrow I_{b2}\downarrow\rightarrow I_{c2}\downarrow\rightarrow I_{c1}\uparrow\rightarrow U_{c1}\uparrow\rightarrow U_{b3}\uparrow\rightarrow I_{c3}\uparrow\rightarrow U_{c3}\downarrow\rightarrow U_o\downarrow$ 结果使 U_o 降回原位。反之，如 U_o 降低，也会通过上述反馈过程，使 U_o 回

升，保持零位。

输入信号正半周时，经 VT_1、VT_3 两次放大和反相，u_3 为正半周，则 VT_4 导通，电流经 $+E_{G1}$、VT_4、R_L、地返回，形成回路，R_L 有信号输出。

输入信号负半周时，u_3 为负半周，则 VT_5 导通，电流经 $+E_{G2}$、R_L、VT_5、地返回，形成回路，R_L 有信号输出。这样经轮番推挽，R_L 上得功率放大后的完整信号。

近年出现的全对称 OCL 电路是更为完善的电路形式。它把 OCL 电路里的差动输入放大、激励、复合功率放大等各部分都设计成互补对称的，充分发挥了 PNP 型和 NPN 型晶体管互补工作的优点。这种安排，既使电路获得高稳定性，又使信号从输入到输出都处于推挽放大之中，保真度更佳。另外，这类电路由于对称性好，开、关电源时几乎是“安静”的，扬声器和功率输出管受到的冲击很弱。

（2）复合管。所谓复合管就是两个或两个以上的晶体管组合成一个等效的晶体管，如图 8－15 所示。复合管的类型与复合前左边第一个晶体管管子类型相同，复合管的电流放大倍数等于复合前两个管子电流放大倍数之积。

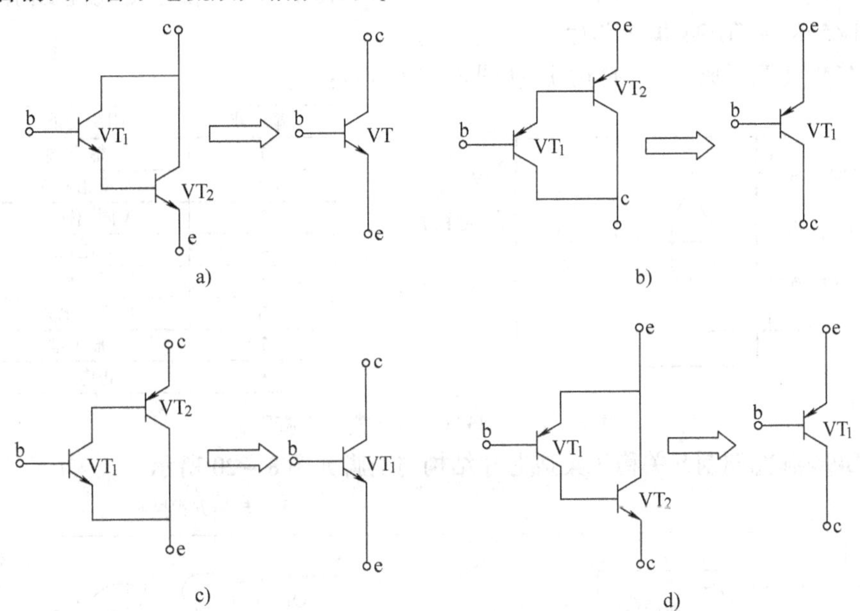

图 8－15　四种常见复合管形式

（3）滤波器

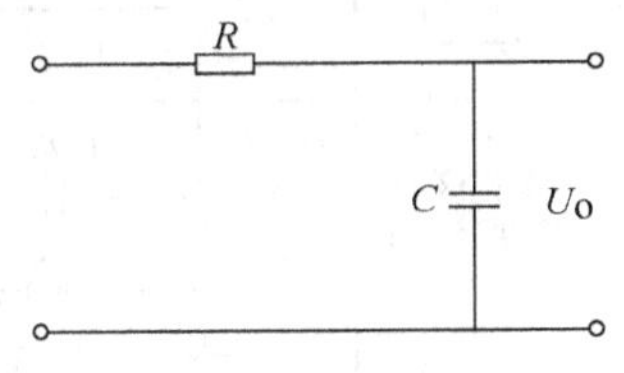

图 8－16　最基本的低通滤波电路

1）低通滤波器。低通滤波器就是对一定频率以下的信号允许通过，衰减很小，而对高于某频率的信号则衰减很大的电路。最基本的低通滤波电路如图 8－16 所示，对低频成分，电容 C 所呈现的容抗较大，所以信号能通过；对高频成分，电容 C 的容抗较小，信号的消耗较大，不易通过。这种电路有两个缺点：

①电阻 R 对所有信号（包括低频信号）都有衰减作用。

②带负载的能力很弱。

2）低通有源滤波器。如果把上述的滤波网络与集成运算放大器结合起来，就构成了图

8－17 所示的一阶（一节 RC 网络）的有源滤波器。因集成运放有较大的增益、较高的输入阻抗，和较小的输出阻抗，因此可以弥补无源滤波器的缺陷。这种滤波器的幅频特性如图 8－18所示。纵轴表示增益，横轴表示频率（相对值）。在较低的频段，增益大致相等。随着频率的增加，增益逐渐减小。当增益下降 3dB 时，所对应的频率，称为低通截止频率，以 f_0 表示。其值由 R、C 的值确定。

$$f_0 = \frac{1}{2\pi RC}$$

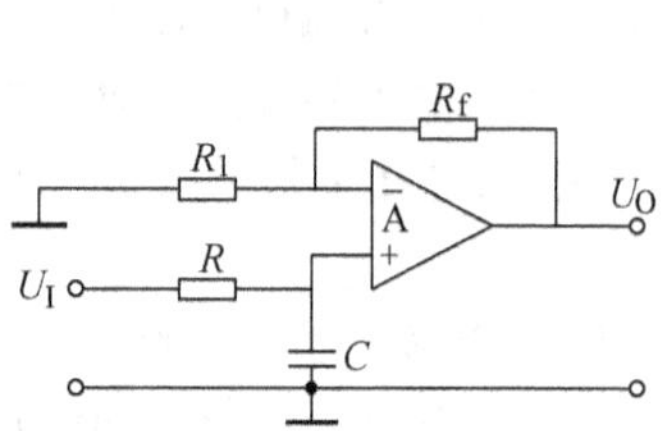

图 8－17　一阶有源滤波电路

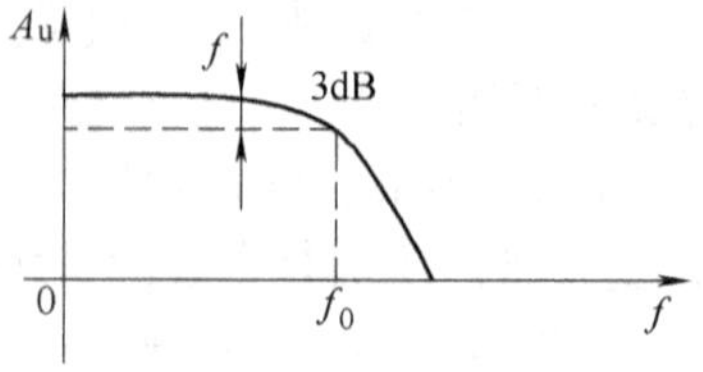

图 8－18　一阶有源滤波电路的幅频

（4）D4558 与 TL494 集成芯片

1）D4558（双运放）结构与引脚如图 8－19 所示：

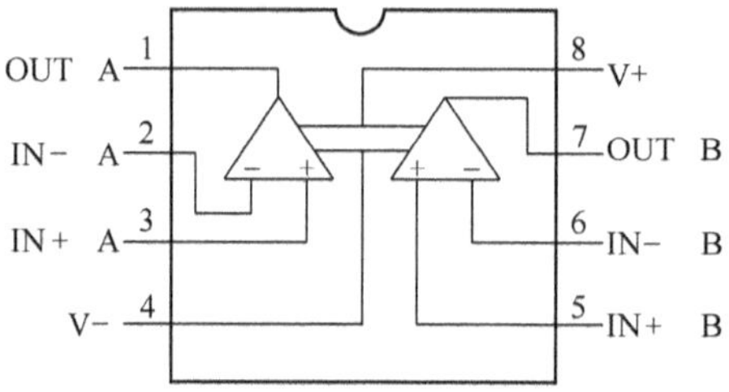

脚　号	引脚功能
1	A 输出端
2	A 反相输入
3	A 同相输入
4	负电源
5	B 同相输入
6	B 反相输入
7	B 输出端
8	正电源

图 8－19　D4558（双运放）引脚图

2）TL494 脉宽调制开关稳压集成芯片结构与引脚如图 8－20 所示

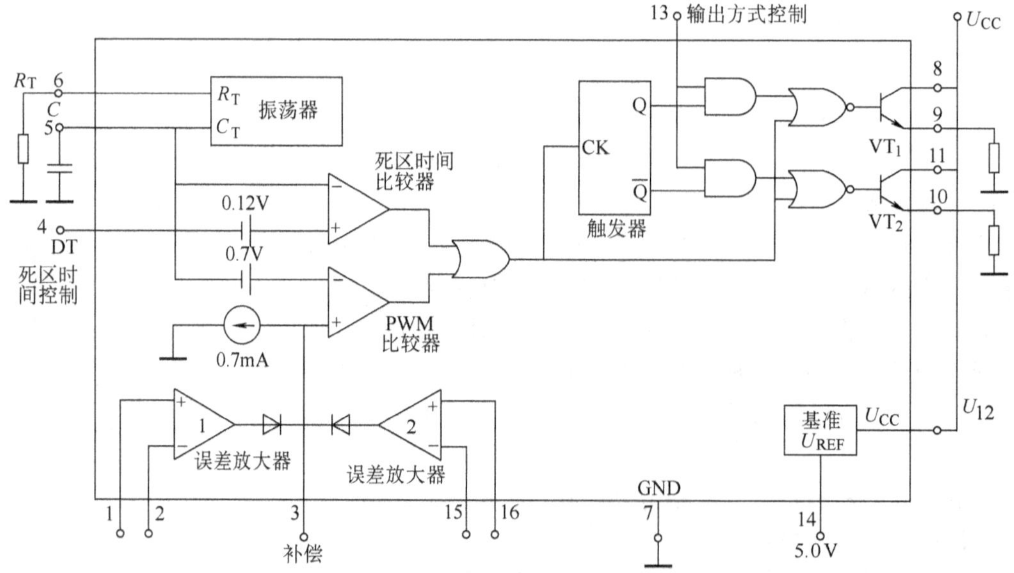

图 8－20　TL494 脉宽调制开关稳压集成芯片结构与引脚图

脚　　号	引　脚　功　能	脚　　号	引　脚　功　能
1	误差放大器（一）同相输入端	9	输出驱动管（一）发射极
2	误差放大器（一）反相输入端	10	输出驱动管（二）发射极
3	补偿	11	输出驱动管（二）集电极
4	死区时间控制	12	电源 7～40V
5	外接定时电容 C_T	13	输出方式控制
6	外接定时电阻 R_T	14	基准输出 5V
7	地	15	误差放大器（二）反相输入端
8	输出驱动管（一）集电极	16	误差放大器（二）同相输入端

图 8－20　TL494 脉宽调制开关稳压集成芯片结构与引脚图（续）

3. 汽车低音炮功放电路分析

（1）输入部分电路分析。汽车低音炮功放电路输入部分电路如图 8－21 所示，音频高电平（2～8V）输入端接主声道扬声器输出音频或低电平（0.2～2V）输入端接前级放大器线路信号输出。音频信号经过衰减，20kΩ 双联音置调节后送 D4558 运放之一进行前级放大，D4558 运放及 VR_2，C_7 构成一个转折频率为 250Hz 的低通滤波器，以限制输入信号中的高频分量，截止频率在 40Hz～250Hz 范围内由 VR_2 调节，波段开关进行“全频 C”、“低频 D”选择后，信号送功率放大器放大。

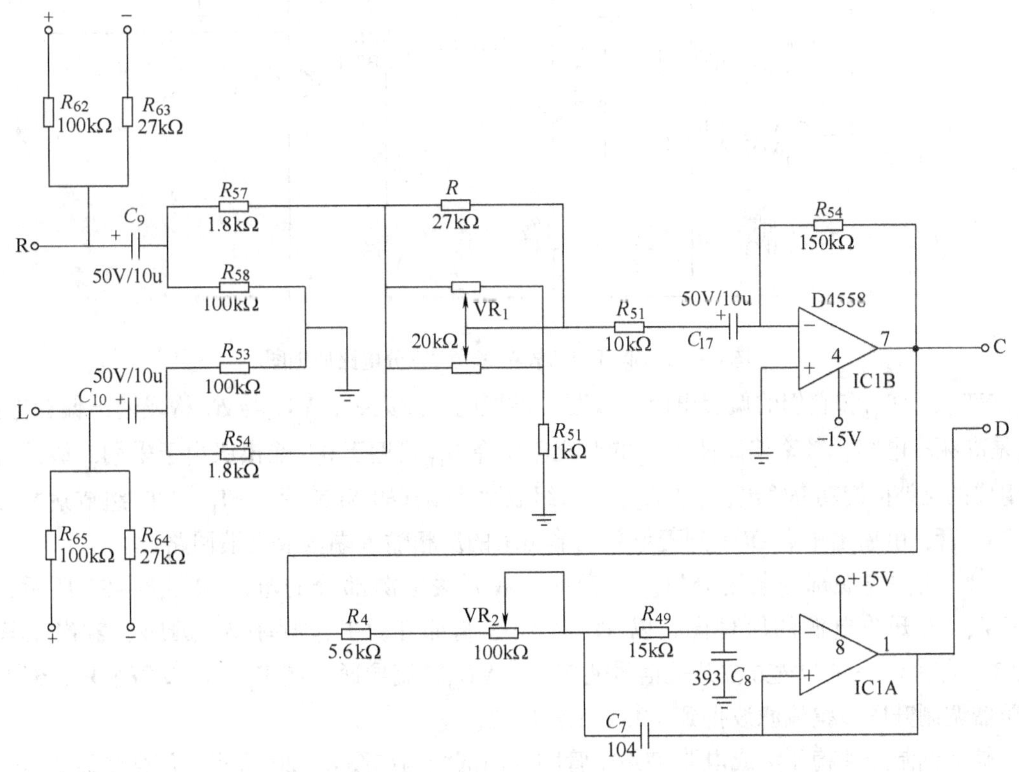

图 8－21　低音炮功放电路输入部分电路原理图

（2）功率放大部分电路分析。功率放大部分电路如图 8－22 所示，工作原理如下：输入信号经 C 或 D 输入到 B 点。VT_{11} ~ VT_{16}组成菱形差动输入级，R_{12}是 VT_{14}的集电级负载，R_{10}是 VT_{12}的集电极负载，R_{16}、R_{17}、R_{18}和 R_{19}分别是 VT_{11}、VT_{12}、VT_{14}和 VT_{16}的发射极电阻，它们一方面与偏置电路其建本级直流工作点，同时也是本级的电流负反馈电阻。

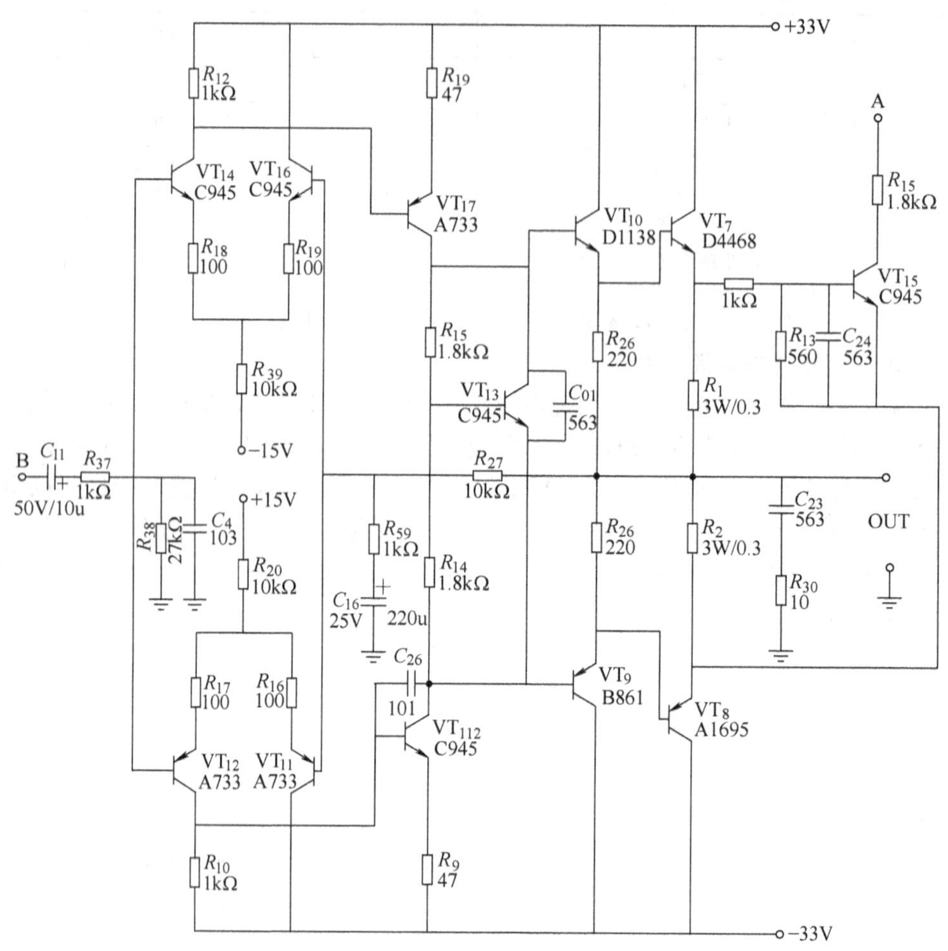

图 8－22　低音炮功放功率放大部分电路原理图

VT_{17}、VT_{112}和它们的偏置电阻组成互补推挽电压放大级，VT_{13}与 R_{14}构成输出偏置电路，C_{01}是高频率电容，频率偏高使 VT_{13}的时交流压降 U_{CE}趋近于 0，输出级由于采用二级达林顿管组成的互补推挽功率输出级，VT_{10}、VT_7 组成达林顿管的 NPN 管，VT_9、VT_8 组成达林顿管的 PNP 管，由输出中点 OUT 到菱形差动输出级的反相输入端构成反馈回路。

（3）开关电源部分电路分析。低音炮功放开关电源部分的电路如图 8－23 所示，为 ±33V、5A 开关电源的原理图，以 TL494 作控制部件，工作频率为 70kHz，输出功率达 100W。芯片内一对调宽方波开关信号使 VT_{19}、VT_{20}轮流导通，使 V_2、V_3 交替触发，经开关变压器调制升压，整流滤波得到 ±33V 工作电压。

脉宽调制开关稳压集成电路 TL494 管脚及内部结构如图 8－20 所示，值得注意的是：

1）振荡频率确定：将 TL494 的 5 脚（C_T）和 6 脚（R_T）分别接上电容和电阻，据振荡器就可以起振，振荡频率由下式决定：

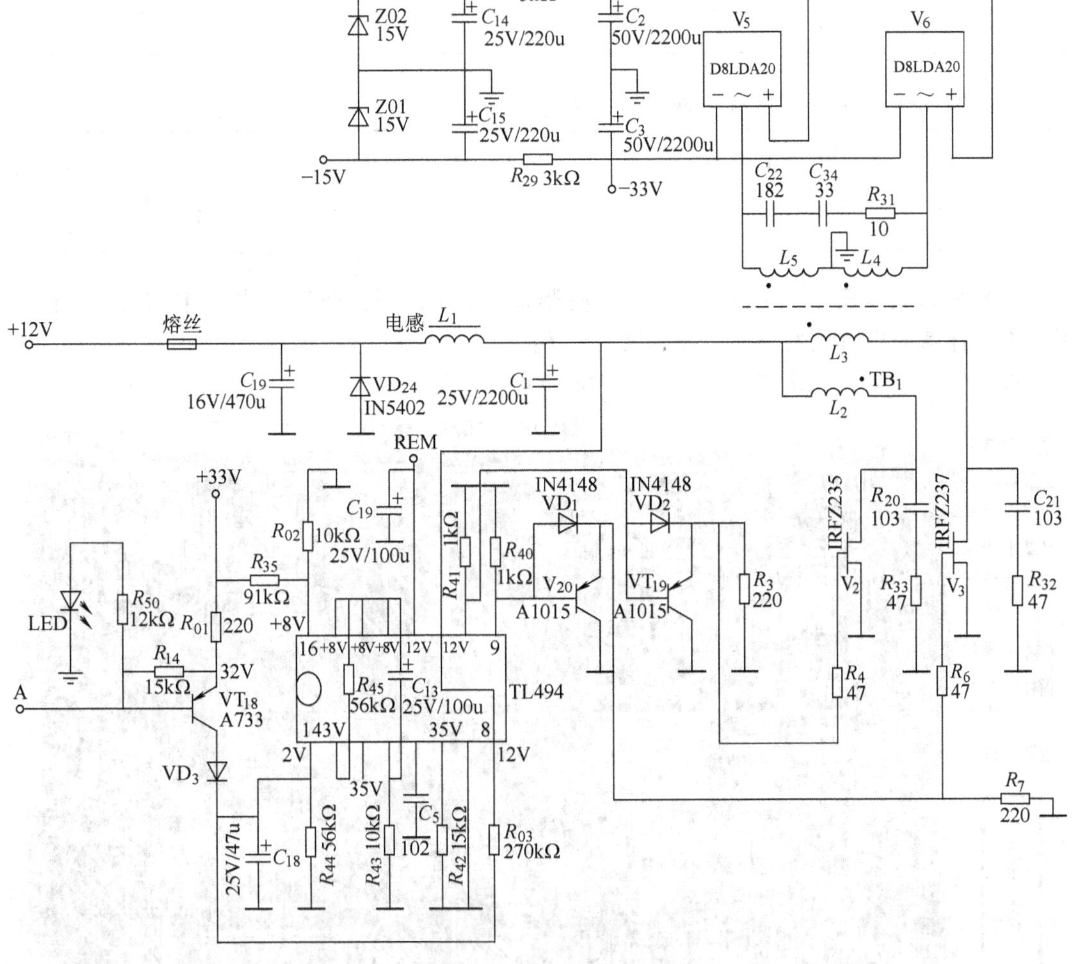

图 8−23　低音炮功放开关电源部分电路原理图

$F = 1/(0.817RCT + 1.42 \times 10^{-6})$ Hz，取 $C = 1000$pF，$R_T = 15\Omega$，振荡频率 $f = 70$kHz

2）当定时电容 C_T 放电时，在死区时间比较器输出端就产生一个正脉冲，这个正脉冲使触发器翻转，确定输出晶体管由哪一个进行输出，当 13 脚与 14 脚相连，使两管输出工作在推挽方式，此时，输出信号频率为振荡频率的一半。

3）芯片内设有参考电压产生器，可直接测量 14 脚参与电源；如测不到 +5V，则芯片损坏，5 脚 C_T 外应能测到锯齿波形，如测不到则芯片损坏。

4. 汽车低音炮功放电路测试

（1）开关电源输出直流电压 U_{01} = ±______V，U_{02} = ±______V。

（2）推动管、功率管 be 电压值

推动管 U_{be1} =______V，功率管 U_{be1} =______V。

推动管 U_{be2} =______V，功率管 U_{be2} =______V。

（3）D4558 芯片测试表格（各脚对地电压）

脚 电压	1	2	3	4	5	6	7	8
单位/V								

（4）TL494 芯片测试表格（各脚对地电压）

脚 电压	1	2	3	4	5	6	7	8	9	10	11	12	13	14	15	16
单位/V																

（5）输入某一低频正弦波，信号用示波器观察输出波形，调整参数，使输出波形正负半周对称，计算输出电压的周期、频率及 U_{P-P}值。

汽车低音炮功放电路安装图如图 8－24 所示：

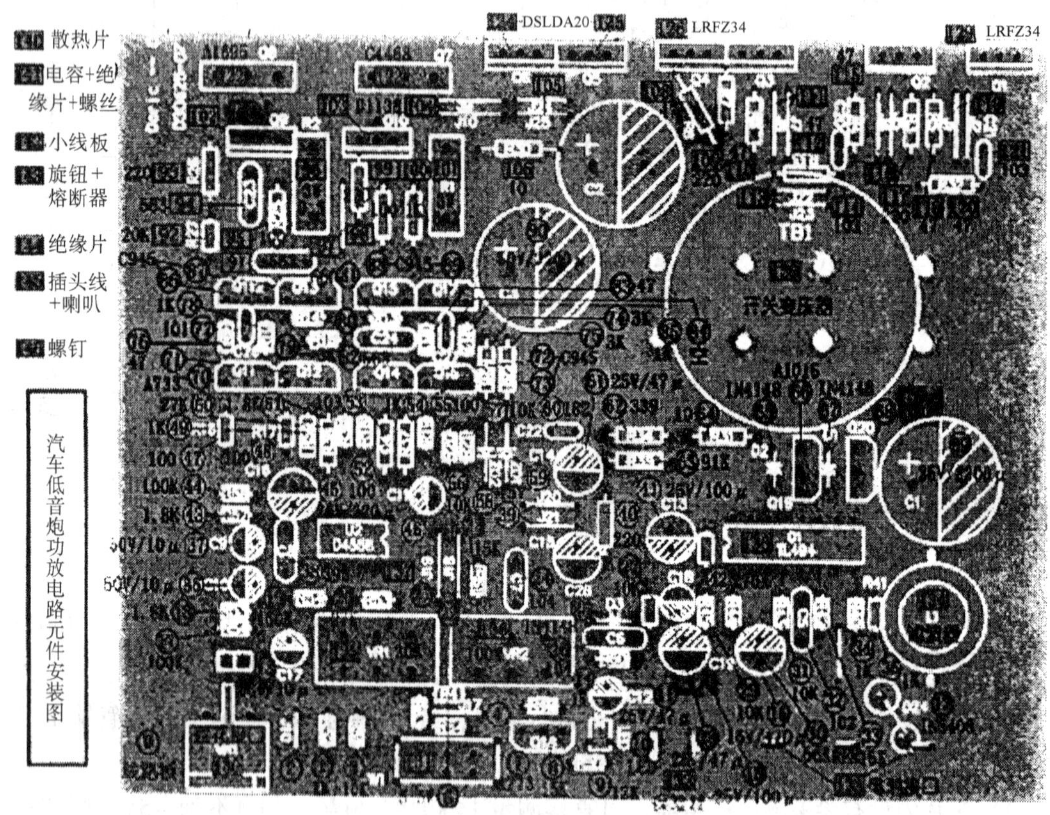

图 8－24　汽车低音炮功放电路安装图

附　　录

附录 A　电子装配工艺要求

1. 电阻、二极管（发光二极管除外）均采用水平安装，贴紧印制板。电阻的色环方向应该一致。

2. 发光二极管直立式安装，底面离印制板 6±2mm。

3. 晶体管、单向晶闸管、场效应晶体管采用直立式安装，底板离印制板 5±1mm。

4. 电解电容器、涤纶电容器尽量插到底，元件底面离印制板最高不能大于 4mm。圆片电容器底面离印制板一般为 2～4mm。

5. 微调电位器尽量插到底，不能倾斜，三只脚均需焊接。

6. 扳手开关用配套螺母安装，开关体在印制的导线面，扳手在元件面。

7. 输入、输出变压器装配时紧贴印制板。

8. 集成电路、继电器、轻触式按钮开关底面与印制板贴紧。

9. 电源变压器用螺钉紧固在印制电路板上，螺母均放在导线面，伸长的螺钉用作支撑（印制电路板的四角也可安上螺钉）。靠印制电路板上的一只紧固螺母下垫入接线片，用于固定 220V 电源线。变压器二次绕组向内，引出线焊在印制板上。若只需使用其中一组，多余的引出线用绝缘胶布包妥后压在变压器下。变压器一次绕组向外，接电源线。引出线和电源线接头焊接后，需用绝缘胶布包妥，绝不允许露出线头。

10. 插件装置美观、均匀、端正、整齐、不能歪斜、高矮有序。

11. 所有插入焊片孔的元器件引线及导线均采用直脚焊，剪脚留头在焊面上（1±0.5）mm，焊点要求圆滑、光亮、防止虚焊、搭焊和散锡。

附录 B　进口常用半导体器件的主要参数

一、常用半导体二极管

型　号	最大整流电流 $/I_F/A$	最大反向工作电压 U_{RM}/V	最大整流电流下的正向压降 $/U_F/V$	最高允许结温 $/T_{jm}/℃$	用　途
1N4000	1	25	≤1	175	用于频率为 3kHz 以下的整流电路
1N4001		50			
1N4002		100			
1N4003		200			
1N4004		400			
1N4005		600			
1N4006		800			
1N4007		1000			

（续）

型号	最大整流电流 $/I_F/A$	最大反向工作电压 U_{RM}/V	最大整流电流下的正向压降 $/U_F/V$	最高允许结温 $/T_{jm}/℃$	用途
1N5400 1N5401 1N5402 1N5403 1N5404 1N5405 1N5406 1N5407 1N5408	3	50 100 200 300 400 500 600 700 1000	≤0.8	175	用于频率为3kHz以下的整流电路

二、常用半导体晶体管

型号	类型	集电极最大耗散功率 P_{CM}/mW	集电极最大允许电流 I_{CM}/mW	最高允许结温 $T_{jm}/℃$	集-射反向击穿电压 $U_{(BR)CEO}/V$	集-基反向击穿电压 $U_{(BR)CBO}/V$	集-射反向饱和电流 $I_{CEO}/\mu A$	特征频率 F_T/MHz	共射极电流放大系数 β
8050	NPN	800	>1500		25	6	1	>100	85~300
8550	NPN	800	>1500		-25	-6	1	>100	85~300
9011	NPN	400	>30		20	5	0.2	>150	28~198
9012	NPN	625	>500		-20	-5	1	>150	64~202
9013	NPN	625	>500		20	5	1	>150	64~202
9014	NPN	625	>100		45	5	1	>150	60~1000
9015	NPN	625	>100		-45	-5	1	>100	60~600
9016	NPN	400	>25		20	4	1	>400	28~198
9018	NPN	400	>50		15	5	0.1	>700	28~198

表中8050与8550、9012与9014、9014与9015为互补对管，可用于推挽功放电路。

三、国产集成运算放大器部分产品型号

类别	型号	部标	国际	国外同类型号
	Ⅰ	F001 F002	CF702	μA702 μPC51 LM702
	Ⅱ	F004 F003 F005	CF709	μA709 μPC55 LM709
	Ⅲ	F006 F007 F008	CF741	μA741 TA7504 LM741

（续）

类　别	型　号	部　标	国　际	国外同类型号
特殊型	低功耗型	F010		
		F011	CF253	MPC253
		F012		
		F013		
	高精度型	F030		AD508
		F031		
		F032		
		F033		μA725
		F034		
	高速型	F050		LM118
		F051		
		F052	CF118	LM118
		F054		
		F055	CF715	μA715
特殊型	宽带型	F733		
	高阻型	F072 F3140		CA3140
	高压型	F1536		MC153
	多重型	F124	CF124	LM124
		F747	CF747	μA747

附录 C　数字集成电路的产品系列索引

一、74 系列数字集成电路型号索引

品种代号	产　品　名　称	品种代号	产　品　名　称
00	四 2 输入与非门	16	六高压输出反相缓冲/驱动器（OC）
01	四 2 输入与非门（OC）	17	六高压输出缓冲/驱动器（OC）
02	四 2 输入与或门	20	双 4 输入与非门
04	六反相器	21	双 4 输入与门
06	六反相缓冲/驱动器（OC）	27	三 3 输入与非门
07	六缓冲/驱动器（OC）	28	四 2 输入或非缓冲器
08	四 2 输入与门	30	8 输入与非门
09	四 2 输入与门（OC）	32	四 2 输入或门
10	三 3 输入与非门	33	四 2 输入或非缓冲器（OC）
11	三 3 输入与门	34	六跟随器

（续）

品种代号	产品名称	品种代号	产品名称
36	四2输入或非门	141	BCD－十位制译码器/驱动器（OC）
37	四2输入与非缓冲器	142	计数器/锁存器/驱动器（OC）
40	双4输入与非缓冲器	145	BCD－十进制译码器/驱动器（驱动灯、继电器、MOS）
42	4线－10线译码器（BCD输入）		
43	4线－10线译码器（余3码输入）	159	4线－16线译码器/多路分配器（OC输出）
44	4线－10线译码器（余3码、格雷码输入）	160	4位十进制同步可预置计数器（异步清除）
45	BCD－十进制译码器/驱动器（OC）	161	4位二进制同步可预置计数器（异步清除）
46	4线七段译码器/驱动器（BCD输入、开路输出）	184	BCD－二进制代码转换器
48	4线七段译码器/驱动器（BCD输入、上拉电阻）	185	二进制－BCD代码转换器（译码器）
56	1/50分频器	196	可预置十进制/二五混合进制计数器/锁存器
57	1/60分频器	197	可预置二进制计数器/锁存器
68	双4位十进制计数器	253	双4选1数据选择器/多路转换器（3s）
69	双4位二进制计数器	257	四2选1数据选择器/多路转换器（3s）
70	与门输入上升沿JK触发器（有预置和清除）	269	8位加/减计数器
71	与或门输入主从JK触发器（有预置）	273	八D型触发器
74	双上升沿D触发器（有预置和清除）	276	4位二进制超前进位全加器
82	2位二进制全加器	283	十进制计数器
83	四位二进制全加器（带快速进位）	290	四位二进制计数器
90	十进制计数器	295	4位双向通用移位寄存器（3s）
91	8位移位寄存器	298	四2输入多路转换器（有储存）
92	十二分频计数器	323	8位双向移位/存储寄存器（3s）
100	8位双稳态锁存器	347	BCD－七段译码器/驱动器（OC）
102	与门输入主从JK触发器（有预置和清除）	484	BCD－二进制代码转换器
107	双主从JK触发器（有清除）	485	二进制－BCD代码转换器
137	3线－8线译码器/多路分配器（有地址寄存）	537	4线－10线译码器/多路分配器
138	3线－8线译码器/多路分配器		

二、40系列数字集成电路型号索引

品种代号	产品名称	品种代号	产品名称
4000	双3输入或非门及反向器	4009	六缓冲器/变换器（反相）
4001	四2输入或非门	4010	六缓冲器/变换器（同相）
4002	双4输入或非门	4011	四2输入或非门
4006	18位静态移位寄存器（串入、串出）	4012	双4输入或非门
4007	双到补对加反向器	4013	双上升沿D触发器
4008	4位二进制超前进位全加器	4014	8位移位寄存器（串入/并入、串出）

（续）

品种代号	产品名称	品种代号	产品名称
4015	双4位移位寄存器（串入，并出）	4050	六同相缓冲器
4016	四双向开关	4051	模拟多路转换器/分配器（8选1模拟开关）
4017	十进制计数器/分频器	4052	模拟多路转换器/分配器（双4选1模拟开关）
4018	可预置N分频计数器	4053	模拟多路转换器/分配器（三2选1模拟开关）
4019	四2选1数据选择器	4054	4段液晶显示驱动器
4020	14位同步二进制计数器	4055	4线－七段译码器（BCD输入，驱动液晶显示器）
4021	8位移位寄存器（异步并出、同步串入、串出）	4056	BCD－七段译码器/驱动器（有选通、锁存）
4022	八计数器/分频器	4059	程控1/N计数器（BCD输入）
4023	三3输入与非门	4066	四双向开关
4024	7位同步二进制计数器（串行）	4067	16选1模拟开关
4025	三3输入与非门	4068	8输入与非/与门
4026	十进制计数器/脉冲分配器（七段译码输出）	4069	六反相器
4027	双上升沿JK触发器	4070	四异或门
4028	4线－10线译码器（BCD输入）	4071	四2输入或门
4029	4位二进制/十进制/加/减计数器（有预置）	4072	双4输入或门
4030	四异或门	7073	三3输入与门
4031	64位静态移位寄存器	7075	三3输入或门
4032	三级加法器（正逻辑）	4076	四D寄存器（3s）
4033	十进制计数器/脉冲分配器（七段译码输出，行波消隐）	4077	四异或非门
		4078	8输入/或非门
4034	8位总线寄存器	4081	四2输入与门
4035	4位移位寄存器（补码输出，并行存取、JK输入）	4510	十进制同步加/减计数器（有预置端）
		4511	BCD－七段译码器/驱动器（锁存输出）
4040	12位同步二进制计数器（串行）	4514	4线－16线译码器/多路分配器（有地址锁存）
4041	四原码/反码缓冲器	4518	双十进制同步计数器
4042	四D锁存器	4519	四2选1数据选择器
4043	四RS锁存器（3s，或非）	4520	双4位二进制同步计数器
4044	四RS锁存器（3s，与非）	4555	双2线－4译码器
4045	21级计数器	40104	4位双向移位寄存器（3s）
4048	8输入多功能门（3s，可扩展）	40162	十进制同步计数器（同步清除）
4049	六反相器	40163	4位二进制同步计数器（同步清除）

参 考 文 献

1 苗庆贵．电工与电子技术基础．北京：人民交通出版社，2002
2 张晓明，微型计算机电路基础．北京：电子工业出版社，1992
3 曾祥富，电子技术基础．北京：高等教育出版社，1996
4 周润文，电子技术．广州：华南理工大学出版社，1997
5 梁炳钊，工业电子学．广州：华南理工大学出版社，1998
6 刘继平，工业电子学．北京：机械工业出版社，2003
7 吴基安，汽车实用电子电路444．北京：北京理工大学出版社，1993
8 王道生，微型计算机电路基础．北京：电子工业出版社，1999
9 广东、北京、广西中等职业技术学校教材编写委员会．电子技术基础．广州：广东高等教育出版社，2001
10 陈德宜，新型汽车电子装置结构·原理·检修．福州：福建科学技术出版社，1997

读者信息反馈表

为了更好地为您服务，有针对性地为您提供图书信息，方便您选购合适图书，我们希望了解您的需求和对我们教材的意见和建议，但愿这小小的表格为我们架起一座沟通的桥梁。

<table>
<tr><td>姓　名</td><td></td><td>所在单位名称</td><td colspan="3"></td></tr>
<tr><td>性　别</td><td></td><td>所从事工作</td><td colspan="3"></td></tr>
<tr><td>通信地址</td><td colspan="3"></td><td>邮　编</td><td></td></tr>
<tr><td>办公电话</td><td colspan="2"></td><td>移动电话</td><td colspan="2"></td></tr>
<tr><td>E－mail</td><td colspan="5"></td></tr>
<tr><td colspan="6">1. 您选择图书时主要考虑的因素（在相应项前画√）
（　）出版社　（　）内容　（　）价格　（　）封面设计　（　）其他
2. 您选择我们图书的途径（在相应项前画√）
（　）书目　（　）书店　（　）网站　（　）朋友推介　（　）其他</td></tr>
<tr><td colspan="2">希望我们与您经常保持联系的方式：</td><td colspan="4">□电子邮件信息　□定期邮寄书目
□通过编辑联络　□定期电话咨询</td></tr>
<tr><td colspan="6">您对我社图书出版有哪些意见和建议（可从内容、质量、设计、需求等方面谈）：</td></tr>
<tr><td colspan="6">您今后是否准备出版相应的教材、图书或专著（请写出出版的专业方向、准备出版的时间、出版社的选择等）：</td></tr>
</table>

非常感谢您能抽出宝贵的时间完成这张调查表的填写并回寄给我们，您的意见和建议一经采纳，我们将有礼回馈。我们愿以真诚的服务回报您对机械工业出版社技能教育分社的关心和支持。

请联系我们——

地址　北京市西城区百万庄大街 22 号　机械工业出版社技能教育分社　邮编 100037

社长电话（010）68329397（带传真）：88379080；88379083

联系人：朱华（策划室主任）电话（010）88379761　13501367871

E－mail zhuhuamm@ sina. com